KB175971

코치의
대화력

MEANINGFUL CONVERSATION

코치의
대화력

이정영 지음

< < < < 코칭의 세계에서 건져 올린 > > > > > >
리더의 대화법

인생 하프 타임에 코칭을 만났습니다.

저는 회사 생활 대부분을 조직의 스태프 부서에서 있었습니다. 소위 본부라는 조직에서 인적 자원 전략 수립 담당자로, 인사기획 담당자로, 교육을 기획하고 운영하는 HRD 담당자로 그리고 승진 후에는 HRD 팀장으로 15년 동안 살아왔습니다. 이 세 가지 업무는 조직과 구성원의 변화와 성장을 만들고 지원하는 곳이라는 점, 정답은 없지만 해답을 찾아가는 일이라는 점, 큰 그림을 그리고 뼈대를 세우는 일이라는 점에서 공통점이 있습니다.

조직과 구성원의 성장과 변화를 만드는 테두리 안에서 다양한 업무를 수행하다 보니 자연스레 리더십, 조직 문화, 성인 교육에 대한 관심이 학습으로 이어졌고, 개인적으로는 좋은 업무 기회를 통해 스스로의 성장과 성취도 함께 경험할 수 있었던 감사한 시간이었습니다. 하지만 "말을 물가로 데려갈 수는 있지만 물을 먹이게 할 수는 없다"는 격언처럼 점점 누군가에게 영향력을 발휘하여 변화를 이끄는 업무에 한계를 느끼며 그다음 단계에 대한 고민이 깊어졌습니다.

인생의 터닝 포인트가 되었던 질문을 만난 적이 있나요? 워킹맘으로 집과 회사만 오가던 어느 날 '행복한 삶이란 무엇일까?', '10년 후에는 어떤 모습으로 일하고 싶을까?'라는 질문이 불현듯 저를 찾아왔습니다. 그리고 이 질문은 한 번도 생각해 보지 못한 곳으로 인생의 방향을 참 많이 바꿔 놓았습니다. 그건 바로 조직 안에서 성장하는 '멀티플레이 관리자'보다 시간과 함께 깊어지는 '뾰족한 전문가'로 60대, 70대까지 일하고 싶다는 것이었습니다.

그런데 퇴사 후 생각지도 못한 코로나라는 변수로 모든 계획은 뒤죽박죽이 되었습니다. 시간이 정지한 것만 같았던 그때 우연히 코칭을 만났습니다. 이 시간을 축적의 시간으로 채우기로 결심하고 새벽 4시 기상을 시작했습니다. 24시간 독박 육아 신세라 한 달에 한 번 남편의 휴가를 활용해 코칭 수업을 듣고, 아이가 줌으로 학교 수업을 듣거나 잠든 시간을 활용해 닥치는 대로 코칭을 공부했습니다. 인생의 하프 타임에서 업을 전환하는 건 어쩌면 더 힘들 수도, 불가능할 수도 있겠다고 생각했지만 제게 찾아온 이 기회를 놓치고 싶지 않다는 절박한 마음으로 버텼습니다.

그러자 제게도 빛이 보이기 시작했습니다. KPC, PCC 전문 코치로 고객을 만나고, 전문 코치 자격증 취득을 준비하는 분들을 도우며 조금씩 자리를 만들었습니다. 그리고 코칭 경험을 바탕으로 '신뢰(self-reliance)의 대화'라는 코칭 기본 과정을 만들어 한국코치협회로부터 인증을 받기도 했습니다. 지금은 한 컨설팅 회사에서 퍼실리테이터로, 코치로 인생 2막을 살고 있습니다. 돌아보면 여기까지 올 수 있었던 것도 8할은 코칭의 힘이었습니다.

대화가 성장하면 우리의 일, 관계, 마음도 자랍니다.

코칭은 사람의 잠재력을 발견하고 성장을 돕는 도구 중 하나입니다. 다른 도구들이 타인의 변화와 성장을 목적으로 한다면, 코칭은 나로부터 시작된 성장과 변화가 궁극적으로 타인에게 긍정적인 영향을 발휘하게 하는 힘이 있습니다. 설명하고, 가르치고, 지시하는 것이 아닌 스스로를 탐색하고, 깨닫는 과정에서 어떤 도구보다 배움이 실행으로 이어지는 학습 전이가 높은 강력한 도구입니다. 또한 자기 주도적, 긍정적 대화의 반복 경험은 대화 당사자들로 하여금 신뢰의 지지적 파트너십 관계를 형성하게 합니다. 모든 사람이 전문 코치가 될 필요는 없지만 코치형 엄마, 코치형 리더, 코치형 교사를 비롯해 타인에게 선한 영향력을 발휘하는 세상의 모든 리더들에게 코칭 대화를 널리 알리고 싶습니다.

이 책은 총 4개의 장으로 구성되어 있습니다. 1장 '코칭 대화에서 만난 사람들'은 코칭에서 나누었던 대화의 일부 내용을 각색하여 담았습니다. 이를 통해 좋은 대화가 무엇인지 살펴봅니다. 2장 '코치의 대화법'에서는 코칭의 주요 핵심 스킬이라고 할 수 있는 경청과 질문에 대해 다룹니다. 다양한 배경을 가진 고객들과 나눈 코칭 대화를 통해 경청과 질문에 대한 의미를 나누는 데 초점을 뒀습니다. 3장 '코칭의 세계에서 발견한 것'은 코치가 세상과 사람을 바라보는 마인드 셋에 대해 다룹니다. 그리고 4장 '코칭의 세계로 초대합니다'에서는 우리가 살아가며 한 번은 만나게 되는 인생 주제에 대해 셀프 코칭을 경험해 볼 수 있는 시간을 마련했습니다. 가벼운 마음으로 코칭 대화를 경험하며 나를 만나는 시간과 함께 코칭 대화의 매력과 파워를 느끼는 시간이 되었으면 합니다.

한국코치협회 자료에 따르면 협회에 등록된 코치 수는 만 명을 넘었고, 최근 몇 년 사이 코칭 자격증을 취득하는 사람들의 숫자도 증가하고 있다고 합니다. 하지만 여전히 코칭은 대기업 임원과 리더 그룹에 집중되어 있습니다. 그리고 코칭 시장의 주요 고객층과 HRD 담당자를 제외하면 코칭이 무엇인지, 코치는 무엇을 하는 사람인지 잘 알지 못합니다.《코치의 대화력》은 코칭에 대한 이론과 지식을 전달하기 위해 쓴 책이 아닙니다. 책을 통해 코치로서 코칭 대화를 조금 더 널리 알리고 싶은 마음도 굴뚝이지만, 눈을 떠서 잠들 때까지 우리가 하는 일상적인 대화를 돌아보고 가꿔 가는 데 제 경험이 도움이 되길 바라는 마음으로 글을 썼습니다. 책 속 내용과 독자가 연결되는 책이었으면 좋겠습니다. 그리고 이 책의 마지막 페이지를 덮을 무렵에는 대화, 관계, 일, 삶에 대한 각자의 해답을 찾을 수 있길 진심으로 바랍니다.

"조직은 온통 대화에 관한 것이다(Corporation is all about conversation)" 라는 말이 있다. 이 책의 주제인 코칭 대화력은 바로 조직과 개인의 성장을 위해 의식적인 코칭 대화를 어떻게 해 나갈 수 있는지에 관한 것이다. 마치 독자의 바로 곁에 앉아 친절하고 솔직하게 코칭 대화 방법을 알려 주고, 사례를 들어 그 의미를 음미하게 해 주는 좋은 책이다.

책에 소개된 코칭 대화들을 읽다 보면 강력한 코칭 질문과 적극적인 경청, 상대방에 대한 인정 같은 코칭의 핵심 역량이 어떻게 구체적인 대화에 펼쳐지는지 어떤 효과가 있는지를 자연스럽게 배우게 될 것이다. 솔직하면서도 있는 그대로의 고민, 열정이 생생하게 표현되어 있어서 흥미진진하다.

국민대학교 경영대학원에서 사제지간으로 만난 이정영 저자가 이렇게 좋은 코칭 책을 쓴 것이 무척 기쁘다. 이 책에는 코치로서, 워킹맘으로서 경력을 발전시켜 온 과정과 몸소 탐구하고 실험해 온 여정 그리고 그 과정에서 깨달은 지혜와 팁이 녹아 있다. 코칭에 대한 이해와 성장에 대한 도전을 자극해 주는 이 책을 통해 많은 독자들이 도움을 얻기 바란다.

고현숙 국민대 교수, 코칭경영원 대표 코치

"최근 복잡해지고 다원화된 우리 사회에서 여러 고민들로 어려움을 겪는 이들을 자주 접할 수 있다. 누군가는 안개가 자욱하게 끼어 있는 길을 맨손으로 더듬듯이 기어가기도 하고, 또 누군가는 이쪽인지 저쪽인지 모르는 막막한 갈림길 앞에서 일보도 전진하지 못한 채 우왕좌왕하기도 한다. 때로는 탈출구가 없어 보이는 미로를 걷기도 하고, 외통수에 빠져서 인생 다 끝난 것 같은 깊은 한숨을 내쉬기도 한다.

이럴 때 누군가 그의 고민을 진중하게 들어주고 공감해 주는 이가 있다면 그리고 열린 질문들로 생각의 결을 전환시키도록 도와주는 이가 있다면 어떨까? 그 길이 덜 외롭고 덜 힘들지 않을까? 이처럼 타인을 진심으로 돕고자 하는 이들, 특히 자격을 갖춘 코치들이 점차 늘어나고 있다. 도대체 이들은 어떤 방식으로 사람들을 돕는 것일까?

이 책은 코치들이 가져야 할 태도와 철학 그리고 스킬을 다루고 있다. 저자가 코칭했던 내담자들의 고민을 각색하여 이야기를 생생하게 끌어 나가고 있다. 특히, 저자는 수년간 코칭에 매진해 오면서 자신의 내면을 연마하고 변화시켜 왔다. 또한 많은 사람들이 스스로 일어설 힘을 얻을 수 있도록 도와 왔다. 이 책은 그동안 그의 육신에 차곡차곡 쌓이다 어느 순간 큰 결로 회오리 치는 암묵지를 외면할 수 없어 내어 놓은 결과물이다. 그래서 말과 문장에 힘이 있다. 코치의 삶과 자세가 궁금한 이들에게 반드시 일독을 권한다.

김성준 국민대 경영대학원 교수

"몇 년만의 공백기 끝에 만난 이정영 수석이 HRD전문가에서 코치로 멋지게 성장한 모습을 보고 '역시 대단한 사람!'이라는 감탄사가 절로 나왔습니다. 조직 내에서 HRD팀 리더로 일할 때 고객으로 처음 만난 이정영 수석은 넘치는 열정과 몸에 밴 남다른 세심한 배려가 있는 사람이었습니다. COVID-19라는 불안한 시기 속에서도 자신 안에 있는 코치로서의 큰 씨앗을 발견하고 키우는 일을 해냈다는 것에 축하의 인사를 건넵니다. 퍼실리테이터로서 만났던 많은 리더들이 구성원과의 대화가 갈수록 어려워진다고 호소합니다. 어쩌면 이정영 수석이 직접 15년간 현업에서 치열하게 일과 사람과 부딪히며 경험을 했기에, 이 책에 담긴 코치의 대화력이 더 많은 리더들에게 현실감 있게 와 닿을 것 같습니다. 또한 가정에서 아이들과의 대화를 고민하는 부모님들께도 선물 같은 책이 되리라 믿습니다. 모쪼록 더 깊은 대화로 스스로의 생각과 열정을 키우는 멋진 여정을 이 책과 함께 시작하시길 바랍니다.

채홍미 ㈜인피플컨설팅 대표, 국제 공인 퍼실리테이터(IAF CPF)

"
목차

 ## 코칭 대화에서 만난 사람들

코치의 대화법

3장 코칭의 세계에서 발견한 것

4장 코칭의 세계로 초대합니다

1장

코칭 대화에서 만난 사람들

좋은 대화는 어떤 대화일까?

대학 졸업을 앞두고 소위 언론 고시를 준비했습니다. 지금은 방송과 신문 업계의 환경이 어떤지 모르지만, 2000년 초중반만 해도 방송국이나 신문 사 기자로 입사하는 것은 하늘의 별 따기 또는 낙타가 바늘구멍 통과하기 라는 말이 있을 정도로 어려웠습니다. 그때 잠시 스피치 학원을 다닌 적이 있습니다. 전달하고자 하는 내용을 효과적으로 전달할 수 있는 스킬을 미리 배워 두면 면접을 비롯해 향후 기자로 활동하는 데 도움이 되겠다 싶었습니다. 요즘도 여러 이유로 스피치 학원을 다니는 분들을 주변에서 어렵지 않게 찾을 수 있습니다. 오히려 자기 PR 시대이다 보니, 자신을 드러내는 말하기는 더욱더 각광을 받고 있습니다.

이처럼 사람들은 자신을 소개하기 위한 스킬을 배우고 익히는 데 익숙합니다. 하지만 반대로 일상적인 대화를 배운다는 분들은 만나기 쉽지 않습니다. 왜 그런 걸까요? 사람들은 이미 고유한 자신만의 대화 방식을 갖고 있기 때문입니다. 이러한 대화 방식은 타고난 기질과 성향 그리고 양육 환경의 영향을 받으며 어릴 적부터 오랜 시간에 걸쳐 무의식적으로 형성된 자연스러운 스킬입니다. 그러다 보니 매번 누군가와 대화할 때 불편함이나 갈등을 겪는 사람이 아니고서는 굳이 시간과 돈을 들여 대화법을 배워야겠다는 마음이 들지 않습니다. 오히려 말을 잘하고 누군가와 자연스러운 대화를 이어 가는 것은 타고난 영역의 하나로 간주해 버립니다. 그래서 우리는 '어떤 대화가 좋은 대화인지' 또는 '나의 대화 수준은 어느 정도인지'에 대해 스스로 생각해 볼 기회를 가져 본 적이 없습니다.

하지만 제가 퇴사 후 본격적으로 대화를 공부하며 코칭의 세계에서 발견한 사실은 대화도 성장한다는 것입니다. 그리고 대화가 성장할수록 삶에 주도성을 갖고 타인과 관계를 긍정적으로 만들어 가는 것을 볼 수 있었습니다. 이를 위해 우리는 근본적인 질문에서 출발해야 합니다. 그 출발점은 바로 '좋은 대화는 어떤 대화일까?'입니다.

코칭 세계에서 만난 좋은 대화

첫째, 좋은 대화는 깨달음을 주는 대화입니다. 코칭 대화를 나누다 보면 고객이 '아!' 하고 감탄사를 내뱉는, 일명 '아하!(A-Ha!)' 모멘트라고 불리는 일시 정지 순간이 있습니다. 고객이 새로운 깨달음을 얻거나 상황이 이해되는 순간으로 코치로서 가장 뿌듯한 순간 중 하나입니다. 이런 깨달음의 순간은 지금 당장 문제가 해결되지 않더라도 속 시원한 기분을 느끼게 합니다. 그리고 이 속 시원하고 홀가분한 기분은 마법처럼 상황을 통제할 수 있다는 인식과 함께 긍정적인 방향을 보게 만드는 힘이 있습니다. '그래, 다시 해 볼까?', '이런 방법도 있었네!' 하며 긍정의 스위치를 켜게 되는 것이죠.

둘째, 좋은 대화는 자발적으로 움직이게 하는 대화입니다. 어린 시절 공부하려고 마음을 먹은 순간 엄마가 잔소리를 하면 어떤 기분이 들었나요? 신기하게도 하고 싶었던 마음이 사라지고 괜히 억울한 마음과 함께 반발심이 생기지 않던가요? 아무리 옳고 좋은 이야기라도 괜히 누군가가 한마디 얹으면 억지로 하는 느낌이 듭니다. 하지만 스스로 해낸 생각일 때는 '진심으로 하고 싶은 일'이 되기 때문에 자발성이 증가합니다. 좋은 대화는 '했니? 안 했니?'를 확인하거나 '이거 해! 저거 하지 마!' 식의 지시적 대화가 아닙니다. 좋은 대화란 '하고 싶다', '해 볼 만한데'와 같은 마음이 커지는 대화입니다.

셋째, 좋은 대화는 파트너 관계가 되는 대화입니다. 존댓말이 존재하는 한국 사회에서는 자신의 역할과 입장에 따라 대화 태도가 상이한 경우를 종종 보게 됩니다. 선생님과 학생, 부모와 자녀, 상사와 부하 같은 상하 관계에서는 자연스레 말의 독점 현상이 자주 일어납니다. 하지만 좋은 대화란 말의 민주주의가 실현된 모습입니다. 일방적인 생각이나 행동을 강요하는 대화가 아니라, 어린 시절 돼지 저금통에 매일매일 저금하듯 긍정적인 대화 경험이 더해지며 서로에 대한 신뢰와 파트너십이 겹겹이 쌓이는 대화입니다.

여러분이 생각하는 좋은 대화는 어떤 대화인가요?

이 책에 나오는 사례를 보며 나만의 정의를 내려 봅시다.

경력직 이직에 성공한 김 팀장

| 자기 인식과 통찰: 리더로서 부족하다는 생각이 들어요

최근 이직에 성공한 김 팀장은 자신의 직급보다 한 단계 높은 역할을 수행하게 되었습니다. 문제 해결력이 뛰어난 김 팀장은 새로운 조직에서도 빠르게 적응했습니다. 이직한 지 채 두 달이 되기 전에 일 잘하는 사람이 왔다는 이야기가 들려올 정도로 스스로 생각하기에도 그의 초기 적응은 성공적이었습니다. 하지만 리더십을 발휘할수록 '이건 아닌데' 하는 마음이 들기 시작했고, 그즈음 코칭에서 코치를 만났습니다. 그의 고민은 다른 리더들의 고민과 크게 다르지 않았습니다. 팀원들로부터 업무 보고를 받을 때 가르치려는 태도로 말을 많이 하게 된다는 것이었습니다. 그리고 늘 팀원들과 이야기를 마치고 나면 자신이 리더로서 부족한 사람이라는 생각이 들었지만, 변화가 필요하다는 마음과 달리 지시하고, 가르치고, 후회하는 패턴을 반복하고 있다고 했습니다.

과거는 앞으로 나아가기 위한 보물 상자

우리는 살다 보면 뒤를 돌아보게 되는 경우가 종종 있습니다. 우리는 무엇 때문에 과거를 돌아볼까요? 바로 앞으로 나아가기 위해서입니다. 그런데 우리는 이 중요한 사실을 잘 잊어버립니다. 바쁘다는 이유로 과거의 경험이 주는 배움을 놓치기도 하고, 너무 과거에만 집중하느라 앞으로 나갈 에너지를 잃어버리기도 합니다. 한 걸음 앞으로 나아가기 위해 김 팀장을 과거로 초대했습니다.

코치: 팀장님, 최근에 있었던 피드백 장면 중에서 가장 후회되는 장면이 있다면 무엇일까요?

김 팀장: 팀원들이 계획안을 들고 왔을 때 제가 쭉 눈으로만 검토한 거요. 그리고 검토를 하고 뭔가 거슬리는 부분이 있으면 '그런데 이것은…' 하면서 제 이야기를 시작했어요. 그게 가장 후회가 돼요.

코치: 팀장님, '그런데 이것은…'과 달랐던 피드백 장면이 있다면 한번 떠올려 보시겠어요?

김 팀장: 아! 제가 딱 한 번 다르게 말한 적이 있어요. 막내 팀원인데 긴장한 모습이 너무 역력한 거예요. 그래서 제가 긴장감을 풀어 주려고 이렇게 말했어요. "보고서 작성하느라 고생 많이 했어요. 내용을 어떻게 구성했는지 한번 이야기해 줄래요?"

물론 그 팀원의 보고가 완벽한 것은 아니었지만, 문서에 표현된 내용보다 말로 풀어낸 부분에 더 좋은 내용이 많이 있는 거예요. 그래서 보고가 끝난 후 여기 들어가면 좋을 내용이 많다며 제가 피드백을 해주었어요. 그랬더니 그 팀원 얼굴이 밝아지면서 신나게 적는 거예요.

코치: 두 가지 피드백 이야기를 해 주셨는데, 말씀해 보니 어떠세요?

김 팀장: '그런데 이것은…' 하면서 시작할 때와 '들려줄래요?'는 상

당히 다른 것 같아요.

코치: 중요한 발견을 하셨네요! 어떻게 다른 것 같으세요?

김 팀장: 지금 생각해 보니 '들려줄래요?'는 일방적으로 제가 준 피드백이 아니라 이미 자신의 입에서 나온 거네요. 그런 거네요!

코치: 그럼 '이것은…'이 아니라 '들려줄래요?'를 위해 팀장님은 무엇을 새롭게 해 보시겠어요?

김 팀장: 아! 아이 콘택트요!

한 시간 반 동안 이어진 코칭 대화에서 김 팀장은 새로운 조직에 자신의 능력을 빨리 보여 주고 싶어 마음의 여유가 없었다는 점과 이러한 조급한 마음은 팀원들을 기다려주기보다 가르치고 지시하는 행동으로 나타났다는 것을 알 수 있었습니다. 또한 과거 자신이 기대했던 리더의 모습과 현재 자신이 발휘하는 리더십에는 큰 차이가 있다는 것을 확실히 알게 되었습니다.

코칭 후 김 팀장에게 어떤 변화가 찾아왔을까요? 다음 코칭에서 김 팀장의 들뜬 목소리와 한결 여유로워진 마음은 전화기를 통해 고스란히 전달되었습니다. 김 팀장은 열심히 숙제를 하고 빨리 숙제 검사를 받고 싶어하는 아이처럼 신이 나서 일주일간 있었던 이야기를 꺼내 놓습니다.

코치: 팀장님, 목소리에서 즐거움이 느껴지는데 지난 한 주간 어떠셨어요?

김 팀장: 코치님, 지난 일주일간 진짜로 열심히 팀원들과 아이 콘택트

를 했어요. 제가 컴퓨터 화면에 포스트잇까지 붙여 가며 꼭 실천했거든
요. 그리고 팀원들과 아이 콘택트할 때 어떤 말을 하면 좋을지 물었잖아
요. 그때 팀원 한 명 한 명 떠올리며 어울리는 멘트를 찾아보면 어떠냐
고 제안해 주셔서 오글거리기는 했지만 해 봤더니 너무 좋더라고요.

코치: 지난 코칭에서 팀장님이 큰 소리로 아이 콘택트라고 이야기하
셨을 때 '에너지가 있는 분이시구나!' 했는데 역시 실행력이 대단하
시네요.

김 팀장: 아이고! 아닙니다. 다 코치님 덕분이에요.

코칭의 파워는 자기 인식으로부터

일주일에 불과한 짧은 기간임에도 김 팀장의 변화와 실행력은 어디에서 나
오는 것일까요? 그것은 코칭이 정확한 자기 인식에서 출발하기 때문입니
다. 지금 유명 강사에게 경청에 대한 강의를 듣고 있다고 가정해 보겠습니
다. 강사는 경청을 잘하기 위한 다양한 방법 중 하나로 아이 콘택트를 소개
하고 있습니다. 여러분은 어떤 생각이 드나요?

너무 당연하고 익숙한 이야기는 자신의 삶에 별다른 감흥을 일으키지 않습
니다. 저는 직업상 많은 학습자들을 만났습니다. 교육장에서 만난 변화하
지 않는 학습자들의 공통점은 강사가 알려 주는 내용을 이미 잘 알고 있다
고 생각하거나 어느 정도는 잘하고 있다고 스스로를 평가하고 있는 경우입
니다. 하지만 코칭에서는 거울에 비친 나의 모습을 객관적으로 보듯 있는

그대로의 나의 말과 행동을 타인의 관점에서 바라보게 합니다. '어머, 내가 누군가와 대화할 때 일방적으로 내 이야기만 하고 있었구나', '그때 마치 화난 사람처럼 표정이 굳어 있었네', '질문은 하고 있지만 사실 내가 원하는 방향으로 사람들을 통제하려고 하는구나' 등등 다른 사람이 알려 주지 않아도 스스로 보고 듣고 깨닫게 되는 것입니다. 이러한 리더의 객관적인 자기 인식과 통찰은 변화의 강력한 동력이 됩니다.

김 팀장의 경우처럼 답은 언제나 우리의 경험과 삶에 숨겨져 있습니다. 세계 최고의 교수법 전문가이자 '교수를 가르치는 교수'라는 별명을 가진 켄 베인(Ken Bain)은 자신의 저서《최고의 공부》에서 우리는 경험으로부터 배우는 것이 아니라 그 경험을 성찰하면서 배운다고 합니다. 이처럼 좋은 대화는 우리를 성찰하게 하고 숨겨져 있던 문제 해결의 실마리를 발견하게 해 줍니다.

자기 인식이란?

미국 스탠퍼드 경영대학원의 자문 위원 75명에게 '리더의 가장 중요한 덕목이 무엇인가요?'라는 질문을 했을 때 1명을 제외하고 이구동성으로 꼽은 것이 바로 자기 인식(self-awareness)이었습니다. 자기 인식은 바로 '내가 어떤 사람인지 스스로 아는 것'으로 리더십에 있어 가장 핵심적인 요소입니다.

미국의 조직심리학자 타샤 유리치(Tasha Eurich) 박사는 두 가지 측면에서 자기 인식이 이루어진다고 합니다.

- 내적 인식: 내 삶의 목적, 내가 중요하게 생각하는 가치, 나를 움직이는 동기, 나만의 고유한 강점·약점·사고·신념 등에 대해 깊이 이해하는 것.
- 외적 인식: 다른 사람들과의 관계에서 어떻게 상호 작용하는지, 다른 사람들이 나를 어떻게 바라보는지 이해하는 것.

쉽게 말해 자기 인식은 나는 언제 행복하고 화가 나는지, 나의 강점과 약점은 무엇인지, 나를 움직이게 하는 동기는 무엇인지, 내가 두려워하는 것은 무엇인지, 내가 바라본 나와 남들이 바라보는 나는 어떤 차이가 있는지 등을 객관적으로 아는 것입니다.

리더의 자기 인식과 피드백

리더들은 얼마나 정확하게 자기 인식을 하고 있을까요? 타샤 유리치 박사의 연구 결과에 따르면 놀랍게도 정확한 자기 인식을 가진 리더는 전체의 10~15%에 불과하다고 합니다. 그만큼 리더가 스스로 자신을 정확하게 인식하는 것은 어렵습니다. 그렇다면 리더의 객관적인 자기 인식을 돕는 방법은 무엇일까요? 해답은 바로 피드백(feedback)에 있습니다.

팀장 스스로는 팀원들의 말을 경청하고 조화를 추구한다고 생각할 수 있지만, 반대로 팀원들은 팀장이 의사 결정을 미루고 우유부단하다고 평가할 수도 있습니다. 팀원들의 생각을 알게 된 팀장은 우선 속상하고 서운한 감정이 듭니다. 하지만 그저 감정에 머물며 방어적인 자세를 취하기보다는 적극적으로 수용하는 자세를 갖는 것이 '내가 바라본 나'와 '타인이 바라본 나'의 차이(gap)를 줄이는 현명한 자세입니다.

여기서 한 걸음 더 나아가 직접 팀원들에게 '올해 좋은 리더가 되는 것이 저의 목표예요. 그래서 여러분께 도움을 요청하고 싶어요. 리더로서 어떤 점이 괜찮고, 어떤 점을 보완하면 좋을지 한번 이야기를 나눠 보면 좋겠어요. 어떠세요?'와 같이 용기 있게 피드백을 구하고 적극적으로 피드백을 수용·반영하는 것이 자기 인식을 돕는 가장 효과적인 방법입니다.

아들 둘 워킹맘 정 차장
양보다 질: 어떻게 내 마음을 이렇게 잘 알아요?

일하는 엄마들의 마음은 씨실과 날실처럼 미안함과 고마움이 늘 교차합니다. 아이 옆에 착 붙어서 알뜰히 챙겨 주지 못하는 미안한 마음과 바쁜 엄마에 대한 불평 없이 스스로 해 보려고 하는 아이에게 고마운 마음이 가득합니다. 코칭에서 만난 워킹맘들은 커리어와 좋은 엄마 사이에서 부단히 균형점을 찾으려고 애씁니다. 지난날 그리고 지금의 제 모습이 오버랩되어서일까요? 사실 어떤 다른 고객들보다 마음이 쓰입니다. 그러다 보니 코칭이 끝난 후에도 자연스레 경험과 지혜를 나누며 서로의 삶을 진심으로 응원하게 됩니다.

그리고 이제는 압니다. 최고(best)의 엄마보다는 충분히 좋은(good enough) 엄마가 목표여야 한다는 것, 아이와 보내는 절대적 시간(양)보다 관계의 질이 더 중요하다는 것 그리고 관계의 질(quality)을 높이는 대화는 누구나 노력을 통해 할 수 있다는 것을 말입니다.

관계의 질을 높이는 대화란?

정 차장은 누구보다 열심히 사는 아들 둘 워킹맘입니다. 코로나 확산으로 순환 재택근무를 하며 아이들과 많은 시간을 보내게 된 정 차장은 날이 갈수록 아이들에게 화내고, 자책하고, 사과하는 자신의 모습이 못마땅하게 느껴져 코칭을 받기 시작했습니다. 코칭 초반에는 작은 일에도 아이들에게 심하게 화를 내는 자신의 모습을 보며 '왜 이렇게 화가 나서 아이들을 혼내고 있지?' 하는 마음이 들면서도 쉽사리 화가 멈춰지지 않았다고 합니다.

그런데 코칭을 받으며 정 차장은 '화' 아래에 '걱정, 불안, 초초함'이 있다는 것을 알게 되었습니다. 정 차장과 남편은 학창 시절 꽤나 공부를 잘한 편이었고, 소위 좋은 대학을 나와 무난하게 대기업에 취업했기 때문에 '우리 아이들도 최소 이 정도는 하지 않을까?' 하며 내심 큰 걱정은 하지 않았다고 합니다. 하지만 재택근무로 아이들의 일상을 함께하게 된 정 차장은 평소 생각한 것보다 아이들의 학습 태도, 생활 습관에 구멍이 많음을 알게 되었습니다. 그리고 아이들을 지금 제대로 잡아 주지 않으면 좋은 대학을 가지 못할 것이라는 걱정과 만약 아이들이 잘못되면 모든 것이 자신의 책임이라는 불안이 자리 잡게 된 것입니다. 이러한 부정적인 생각에 자신도 모르게 조급하고 초조해져서 잘 따라주지 않는 아이들에게 화를 내게 되었다는 것을 알게 되었습니다. 정 차장은 다시 돌아오지 않는 시간인데 좀 더 여유를 갖고 화내지 않기와 아이들과 좋은 대화하는 것을 목표로 대화 훈련을 시작했습니다.

정 차장: 코치님, 오늘은 잘한 것부터 이야기하고 싶어요!

코치: 좋습니다. 저도 기대가 되는데요. 어떤 이야기일까요?

정 차장: 지난주에 둘째에게 "엄마는 어떻게 내 마음을 이렇게 잘 알아요?"라는 말을 들었어요.

코치: 와우 제가 다 뿌듯하네요. 그때 어땠어요?

정 차장: 고맙고, 미안하고… 뭔가 복잡했어요. 잘하다가도 또 버럭 화를 낸 적이 있거든요. 내가 이렇게 의지도 약하고 인내심도 없는 사람인가 싶었는데 아이들이 조그만 변화에도 이렇게 진심으로 알아주니 더 노력해야겠다는 생각이 들어서 한편으론 부끄럽기도 했어요.

코치: 스토리가 너무 궁금한데요. 좀 더 구체적으로 이야기해 주시겠어요?

정 차장: 주말에 둘째 공부를 봐주는데 날씨가 너무 좋았어요. 아이도 계속 자세를 고쳐 앉고 집중을 못 하더라고요. 그래서 "오늘 우리 땡땡이칠까?" 했더니 엄마 최고라며 너무 좋아하는데, 참 이게 뭐라고 그 모습이 너무 웃겼어요. 그래서 아이스크림 하나씩 물고 산책을 했거든요. 그런데 아이가 엄마는 어떻게 내가 오늘 공부하기 싫은 거 알았냐고 묻는 거예요. 그래서 제가 엉덩이가 들썩거리는 걸 봤다고 하니 아이가 대뜸 "역시 우리 엄마야! 엄마는 어떻게 내 마음을 이렇게 잘 알아요?" 하는 거예요.

코치: 아드님이 말을 참 예쁘게 하네요. 정말 어떻게 아이 마음을 떡 하니 아셨어요?

정 차장: 아이고, 코치님. 아니에요. (웃음) 사실 책을 덮으며 호기롭게 이야기하긴 했는데 제 머릿속엔 걱정이 이만저만이 아니었어요. '혹시 아이가 공부하기 싫어할 때마다 엉덩이를 들썩거리면 어떡하지?' 하는 걱정부터 드는 거예요. 그런데 순간 '이건 미래의 걱정이야!'라는 생각이 들었어요. 그걸 알아차리고 나니 한결 마음이 편해졌어요. 그래서 싫은 소리를 안 할 수 있었어요.

코치: 어떤 싫은 소리일까요?

정 차장: 만약 그런 생각이 안 들었다면 '공부하기 싫어서 그러는 거 엄마는 딱 보면 알거든! 앞으로도 공부하기 싫을 때마다 엉덩이 들썩거리는 거 아냐?' 하며 신난 아이의 기분을 망쳤을 거 같아요.

정 차장은 걱정과 불안에서 오는 마음의 소리를 이해하고 꿀꺽 삼킨 덕분에 아이에게 한 걸음 더 다가갈 수 있는 시간을 보냈습니다. 아이와 산책을 하며 공부에 대해 어떻게 생각하는지, 어떤 부분이 어려운지, 엄마가 어떤 도움을 주면 좋을지 이야기를 나눌 수 있었기 때문입니다.

대화의 시작은 일상을 공유하고 나누는 것

정 차장은 이날의 경험이 육아뿐만 아니라 앞으로 회사 생활에 있어서도 의미 있는 사건이 될 것 같다고 했습니다. 조직 안에서 자신의 위치가 점점 실무보단 팀원 관리가 중요해질 텐데, 그동안은 팀원들의 정서 관리에 약한 부분을 스스로 정당화한 적이 있었다고 합니다. 하지만 대화 훈련을 통해 긍정적인 대화가 일과 관계에 얼마나 중요한 영향을 주는지 느꼈다고 합니다.

정 차장처럼 코칭에서 만난 워킹맘들은 육아는 물론 회사 내에서도 좋은 리더가 되고 싶고 좋은 대화를 하고 싶은 마음이 가득한 분들입니다. 하지만 코칭을 하다 보면 잘못된 점을 알려 주기 위해 지시하고 명령하는 것을 대화라고 착각하는 경우를 종종 보게 됩니다. **대화는 훈육과 다릅니다. 대화는 일방적으로 누군가의 생각을 주입하는 것이 아니라, 자신의 눈으로 보고 몸과 마음으로 직접 겪은 일상을 함께 공유하고 나누는 것입니다.** 이야기를 잘 들어만 줘도 상대방은 보고, 듣고, 느끼고, 생각하고, 경험한 것들을 신나게 이야기합니다. 그런 긍정적인 대화 경험이 쌓이다 보면 점점 대화에서 상대방이 차지하는 지분이 늘어나게 되고 이야기 주제 또한 다양해집니다. 따라서 이야기를 잘 들어 주는 리더는 나의 팀원이 지금 어떤 상황에 있고, 어떤 생각을 하고 있고, 어떤 문제를 겪고 있는지 자연스레 알고 도와줄 수 있게 됩니다.

대개 사람들은 좋은 리더가 되기 위해 관련 서적을 읽고, 전문가의 강연을 찾아 들으며 무엇을 더해야 하는지 찾습니다. 하지만 좋은 것을 더하는 것보다 나쁜 것을 빼는 것(혹은 하지 않는 것)이 더 효과적일 때가 있습니다. 지금 잠시 책을 덮고 최근에 팀원과 나눈 대화를 떠올려 보세요.

- 최근 팀원과 나눈 대화는 어떤 모습이었나요?
- 만약 대화에서 후회되는 혹은 아쉬운 장면이 있다면 무엇인가요?
- 내가 생각하는 대화의 의미는 무엇인가요?
- 내가 바라는 팀원과의 대화 모습을 그려본다면 어떤 모습인가요?
- 팀원과 나눈 대화를 통해 팀원에게 어떤 가치를 주고 싶나요?
- 팀원에게 어떤 반응을 보이면 팀원과 대화를 잘한다고 생각할 수 있을까요?
- 그렇게 하려면 나는 무엇을 해야 할까요?
- 혹은 하지 말아야 할 것은 무엇인가요?

답은 언제나 늘, 우리 가까이에 있습니다.

육아 휴직 중인 김 과장

사고 전환: 낭떠러지인 줄 알았는데 풀밭이네요

세상에는 두 부류의 사람이 있습니다. 한 부류는 언제나 문제점(problems)을 먼저 보고, 다른 한 부류는 가능성(possibilities)을 먼저 봅니다. 여러분은 어느 쪽에 가까운가요?

김 과장은 육아 휴직 중에 코칭을 만났습니다. 코칭의 매력에 빠져 아이가 잠든 시간에 밤새워 가며 코칭을 공부하기 시작했고, 아이가 어린이집에 다니게 되자 본격적으로 코칭 공부를 하며 복직 전 전문 코치 자격증을 취득했습니다. '코칭의 길'에서 만난 사람들의 공통점은 코칭이 주는 힘을 몸소 체험한 경험이 있다는 것입니다. 김 과장의 경험이 문득 궁금해졌습니다.

코치: 코칭을 배워 보니 어떠세요?
김 과장: 저는 정말 늘 앞만 보고 달렸어요. 주중은 물론 주말에도 시간이 비어 있는 걸 견디지 못했어요. 영화를 보고, 서점에 가고, 무언가를 배우며 그렇게 하루를 꽉꽉 채우지 않으면 시간을 제대로 보내지 못한 것 같았어요. 그런데 코칭을 만나고 나서는 그런 제 자신과 많이 화해하게 되었어요.

코치: 코칭을 만나기 전과 후, 서로 다른 두 명이 느껴지네요! 좀 더 구체적으로 이야기해 주시겠어요?

김 과장: 예전에는 어떤 정상을 향해 살아갔어요. 그리고 그 정상에 내가 바라는 완벽한 내가 있다고 생각했어요. 그런데 코칭을 만나고 그냥 나는 '나'라는 것을 깨닫게 되었어요.

코치: 어떤 의미일까요?

김 과장: 예전에는 늘 다른 사람을 부러워하면서 살았어요. 그런데 코칭을 배우고 과거의 나와는 결별한 느낌이 들어요. 이제는 수직이 아닌 평평한 길에 제가 서 있는 걸 알게 되었어요.

삶을 변화시키는 사고방식
심판자 vs. 학습자

마릴리 애덤스(Marilee G. Adams)는 《삶을 변화시키는 질문의 기술》에서 사람들은 두 가지 사고방식을 가지고 있다고 합니다. 하나는 '심판자 사고방식'이고, 다른 하나는 '학습자 사고방식'입니다. 심판자는 '뭐가 잘못됐지?', '누구 탓이지?'라는 질문을 주로 사용하고 문제점에 관심을 둡니다. 이에 반해 학습자는 '지금 무슨 일이 일어났지?', '여기서 내가 배울 점이 뭘까?', '나는 무엇을 원하지?', '지금 상황에서 최선이 뭘까?'라는 가능성에 대해 질문합니다. 우리는 학교에서 그리고 사회에서 늘 문제를 정의하고 해결하는 것을 반복해 왔습니다. 그러다 보니 무의식적으로 심판자 질문이 더 자연스럽고 익숙합니다.

코칭을 만나기 전 김 과장은 심판자의 눈으로 자신을 바라보지 않았을까요? 다른 누군가를 부러워하거나 자신이 만든 완벽한 기준과 현재의 자신을 비교하며 부족한 부분을 채우기 위해 열심히 달려왔습니다. 하지만 코칭을 만난 후 김 과장은 학습자로 사고를 전환할 수 있었고 과거의 나와 멋지게 결별할 수 있었습니다.

코치: 앞으로의 과장님은 어떨 것 같으세요?

김 과장: 예전에는 스스로 눈치를 엄청 많이 봤어요. 그래서 일이든지 인간관계든지 무조건 잘해야 된다고 제 자신한테 되게 가차 없었던 것 같아요. 하지만 이제는 잘못되면 다시 할 수 있고, 넘어지면 다시 설 수 있다고 생각해요. 그냥 낭떠러지가 아님을 알게 되었다고 할까요. 실수해도 괜찮은, 넘어져도 괜찮은 그냥 풀밭이었던 거예요.

코치: 낭떠러지인 줄 알았는데 알고 보니 풀밭이었네요! 그럼 그 풀밭에서 무엇을 하고 싶으세요?

김 과장: 그냥 마구 거리낌 없이 뛰어놀고 싶어요.

우리는 증명의 대상이 아닌 잠재력의 대상이다

치열한 경쟁과 타인과의 비교에 익숙한 한국 사회에서 자란 우리는 어느 정도의 완벽주의 성향을 갖고 있습니다. 완벽주의는 더 잘 해내고 싶고 열심히 하고 싶은 마음에서 비롯된 것으로 부정적인 측면만 있는 건 아닙니다. 때로 완벽주의 성향은 성장과 성취를 이끄는 동력이 되기도 합니다. 하지만 주변을 보면 완벽주의 성향 때문에 힘들어하는 사람들을 어렵지 않게 볼 수 있습니다. 완벽하게 하려다 보니 일 진행이 느려지고 스트레스도 많이 받습니다. 그러다 스스로 감당할 수 있는 스트레스 정도를 넘어서면 일 자체를 회피하거나 포기해버리기도 합니다.

어떻게 하면 '잘하고 싶은 마음'을 긍정적으로 사용할 수 있을까요? 우리의 마음속에 완벽주의자가 등장하면 일단 잘하고 싶은 자신의 마음을 충분히 이해하고 존중해 줍니다. 그리고 자신을 증명의 대상(better than you)이 아닌 잠재력의 대상(better than yesterday)으로 바라보는 건강한 질문을 해 봅시다. 건강한 질문은 건강한 나를 만나게 합니다.

- 여기에서 내가 배울 점은 무엇일까?
- 내가 진정 원하는 것은 무엇일까?
- 어떤 일이 가능하고 그중 어떤 선택이 최선일까?

자동적 사고란?

심리학에 자동적 사고(automatic thoughts)라는 용어가 있습니다. 자동적 사고란 거의 순간적, 무의식적으로 드는 생각을 말합니다. 그런데 대체로 부정적입니다. 예시를 들어 보면, 어느 날 회사 후배가 나를 본체만체 지나갑니다. 여러분이라면 어떤 마음이 들 것 같나요? '나를 무시해? 어디 한번 두고 보자!' 하며 화가 날지도 모릅니다. 또는 '나를 싫어했었나? 나만 반가운가?' 하는 서운한 마음이 들 수도 있습니다.

그런데 만약 후배가 나를 일부러 모른 체한 것이 아니라 경황이 없어 나를 보지 못하고 지나간 것이었다는 사실을 나중에 알게 되면 어떨까요? 화나고 서운한 마음은 온데간데 사라지고, 후배를 오해한 것에 대한 미안함과 함께 급한 일은 잘 처리가 되었는지 걱정의 말을 건네게 되지 않을까요?

이처럼 자동적 사고는 우리가 의식하지 못하는 사이 상황을 해석합니다. 그러다 보니 상황을 객관적으로 인식하기보다 각자의 자동적 사고방식(어린 시절부터 형성해 온 신념과 가정 체계)에 의해 왜곡될 수가 있습니다.

그렇다면 어떻게 하면 심판자의 사고를 비롯해 건강하지 않은 자동적 사고로부터 벗어날 수 있을까요? 그것은 바로 '알아차림'입니다. 자신의 마음에 관심을 갖고 자신의 마음을 들여다보는 것. 그리고 그것이 객관적 사실인지 검증하며 의식적으로 사고를 전환하는 것이 필요합니다.

상사와 갈등을 반복하는 최 팀장

| 내면 치유: 오늘은 아버지 이야기를 하고 싶어요

리더들 가운데 일보다 관계 문제를 어려워하는 경우가 많습니다. 일은 어떻게든 해낼 자신이 있는데, 사람들의 마음을 얻거나 누군가를 내 편으로 만드는 것은 너무 어렵다고 이야기합니다. 최 팀장도 그랬습니다. 몇 번의 코칭에서 어느 정도 유대 관계가 형성되어 신뢰감을 갖게 되었을 때, 최 팀장은 조심스럽게 오늘은 아버지 이야기를 하고 싶다고 했습니다. 코칭은 고객의 모든 생각, 감정, 욕구를 존중하는 것에서부터 시작합니다. 리더십을 주제로 진행되는 코칭이었지만, 코칭을 받기 시작하면서 아버지가 자꾸 떠오른다는 최 팀장의 말에 우리는 그 연결 고리를 함께 찾아보기로 했습니다.

> 코치: 팀장님, 아버님은 어떤 분이셨어요?
>
> 최 팀장: 아버지는 뭐랄까요… 사실 어릴 적은 잘 기억이 나지 않아요. 학창 시절에 제가 기억하는 아버지는 연이은 사업 실패에 늘 무기력한 모습이었어요.
>
> 코치: 그러셨군요. 어머님은요?
>
> 최 팀장: 아버지와는 많이 다른 분이시죠. 고생도 많이 하셨지만 수완

도 좋으셨어요. 뭐든 빠르게 척척 해내시죠.

코치: 팀장님은 어머님을 닮으신 것 같은데요.

최 팀장: 네, 맞아요. 저희 형제들 중에 제가 엄마를 가장 많이 닮았어요.

코치: 아버님과의 관계에서 가장 기억에 남는 장면이 있다면 무엇일까요?

최 팀장: 아버지는 저를 한 번도 칭찬해 준 적이 없어요. 하루는 학교에서 상장을 받아 온 날이었어요. 거실에 앉아 계셨는데 집에 오자마자 상장 받은 이야기부터 꺼냈어요. 어린 마음에 얼마나 자랑하고 싶었겠어요. 그런데 코치님, 아버지의 첫마디가 뭐였는지 아세요? '여자가'였어요. 저희 형제들 중에 제가 가장 똑똑했거든요. 하지만 한 번도 '잘했다, 수고했다' 칭찬해 주신 적이 없어요. 대학에 입학했을 때도, 회사에 취직했을 때도, 대학원에 가겠다고 했을 때도 그랬어요.

최 팀장은 아버지의 이야기를 하나 둘 꺼내기 시작하면서 아버지에 대한 정리되지 않은 여러 감정들을 만났습니다.

자신의 생각과 마음
그리고 행동 패턴 이해하기

20년 넘게 조직 생활을 하며 유독 상사와의 관계에서 크고 작은 갈등을 겪어 온 최 팀장은 '투사'라는 방어 기제를 사용하고 있었습니다. 방어 기제는 무엇일까요? 방어 기제란 정신 분석을 창시한 지그문트 프로이트

(Sigmund Freud)가 창안한 개념으로 외부 자극으로부터 오는 스트레스를 피하기 위해 우리의 마음속에서 무의식적으로 어떤 사실을 조작하거나 부정하고 왜곡하는 것을 말합니다. 그럼 방어 기제는 나쁜 것일까요? 꼭 그렇지만은 않습니다. 의식하지 못할 뿐 우리는 매일 방어 기제를 사용하고 있습니다. 그 덕분에 불안해하거나 초조해하지 않고 지낼 수 있는 것이죠. 하지만 방어 기제에는 성숙한 방어 기제와 미성숙한 방어 기제가 있는데, 미성숙한 방어 기제를 가지고 있다면 문제가 생기게 됩니다.

최 팀장은 어린 시절부터 아버지에 대한 부정적인 감정을 쌓아 오고 있었습니다. 그러다 보니 아버지와 비슷한 권위적인 남성 상사에게 아버지로부터 느꼈던 부정적인 감정을 무의식적으로 투사하고 있었던 것입니다. 심지어 상사와 갈등이 없는 상황에서도 상사와의 관계에서 늘 크고 작은 불편함이 느껴졌고, 상사와 친해지려 행동하는 자신의 모습이 혼란스러우면서도 화가 나기도 했다고 합니다. 최 팀장은 코칭 대화를 이어 가며 이해할 수 없었던 자신의 마음과 행동 아래에는 아버지에 대한 원망과 아버지로부터 인정받고 싶었던 욕구가 함께 있었다는 것을 발견하게 되었습니다. 그리고 아버지와의 관계에서 만들어진 이 방어 기제가 상사와의 관계에도 영향을 미쳤다는 것을 알게 되었습니다.

코칭은 스스로의 선택과 의지로
자신의 삶을 돌보는 것

> 코치: 팀장님, 오늘 코칭에서 발견한 것이 있다면 무엇일까요?
> 최 팀장: 과거 제 인생을 좌우했던 것은 가족이나 회사처럼 저를 둘러싼 환경이거나 어떤 상황이었어요. 이제는 어떤 환경이나 상황이라도 제가 어떻게 생각하고 행동하는지 제 선택이 가장 중요하다는 것을 알게 되었어요.

내 마음의 주인 또는 내 삶의 주인이 된다는 것은 어떤 모습일까요? 최 팀장처럼 자신의 마음과 생각 그리고 행동을 있는 그대로 바라보고, 그것이 어디에서 왔는지 이해함으로써 비슷한 패턴을 반복하지 않는 것입니다.

제2차 세계대전 당시 아우슈비츠 수용소에서의 생존 경험을 담은《죽음의 수용소에서》빅터 프랭크(Viktor Franki) 박사는 스스로의 선택을 강조했습니다. 외부의 자극에 자동적(무의식)으로 반응하는 것이 아니라 자극과 반응 사이에서 스스로의 선택이 자유, 행복, 성장 등 우리 삶의 질을 결정한다고 했습니다. 다시 말해 내 의지와 상관없이 일어나는 외부의 자극은 통제할 수 없지만, 그 자극에 어떻게 반응할지는 오롯이 자신의 선택이라는 것입니다.

최 팀장처럼 자극과 반응 사이에서 잠시 멈춰 자신의 행동과 감정을 직면하는 것만으로도 무의식적으로 반복하던 부정적인 패턴에서 벗어나 스스로의 선택과 의지로 자신의 삶을 더 아름답게 가꾸어 갈 수 있습니다.

일에 대한 책임감이 강한 윤 본부장

자기 신뢰: 스스로를 믿지 못해 일관성이 없었던 거예요

코치는 타인의 삶에 초대받은 사람입니다. 코치와 고객 사이에 라포 (rapport, 상대방과 형성되는 친밀감과 신뢰 관계를 의미하는 심리학 용어) 가 형성되면 점점 더 깊은 대화로 이어지게 되지만 낯선 누군가에게 자신의 진짜 이야기를 하는 것은 실로 엄청난 용기가 필요한 일입니다. 그래서 저는 고객과의 첫 만남에서 이런 이야기를 합니다.

"저는 주로 질문을 드릴 겁니다. 그런데 이 질문들은 저를 위한 것이 아니라 고객님을 위한 것입니다. 그러니 멋지게 말하려 하지 않아도 됩니다. 자신의 입에서 나온 이야기를 자신의 귀로 다시 들어 보는 데 의미가 있습니다. 마음속에 있는 생각과 감정 등 그것이 무엇이 되었든 편하게 말하면 됩니다. 혹시 제가 드린 질문에 이야기하고 싶지 않은 내용이 있다면 그것도 편하게 이야기해 주세요. 나중에 이야기를 나누고 싶다는 마음이 들 때 이야기하면 됩니다."

대화의 파워는 진짜 이야기에서 나온다

코치의 이런 당부는 고객이 어떤 이야기를 해도 코치가 평가하거나 비난하지 않을 것이라는 심리적 안정감을 주기 위함도 있지만 고객이 직접 겪고, 생각하고, 느꼈던 삶 속에서의 솔직한 이야기를 끄집어내기 위함도 있습니다. 그리고 자신의 삶에 대한 솔직한 이야기는 말하는 사람뿐 아니라 듣는 사람에게까지 영향을 미쳐 상대방의 삶까지도 돌아보게 하는 성찰의 힘이 있습니다.

윤 본부장: 회사에서 사람들이 저를 바라보는 시선이 되게 양극단이에요. 저를 보고 누군가는 지나치게 독립적이라 하고 또 누군가는 지나치게 의존적이라 해요.

코치: 좀 더 구체적으로 말씀해 주시겠어요?

윤 본부장: 예를 들면 상사들은 제가 물어봐야 할 때는 안 물어보고 멋대로 하고, 물어보지 않아야 할 때는 물어본다고 해요. 그리고 팀원들은 제가 지나치게 많은 것을 끌어안고 팀원들을 감싸는 행동을 보여 주지만, 그 기준에 일관성이 없어 많이 혼란스럽다고 해요.

코치: 본부장님 스스로 양극단이라고 느낀 적이 있다면 그건 언제일까요?

윤 본부장: 예전에 마케팅 일을 할 때 제가 주로 들었던 말은 "피도 눈물도 없는 거 아냐? 파란 피 흐르는 거 아냐?" 등이었어요. 그때는 지금보다 더 성격이 냉철하고 뾰족한 느낌이었거든요. 그래서 사람들을 많이 만나고 제 단점을 보완하려고 영업부의 영업 조직 관리 부서

로 직무를 변경했어요. 그런데 여기서는 스스로 봐도 '나 좀 이상하다? 나 왜 이러지?'라는 생각이 들면서 약간 컴퓨터 프로그램이 오작동하는 듯한 느낌을 받았어요.

윤 본부장은 지난날 자신의 경험을 떠올리며 그때의 감정, 생각 그리고 그것을 바라보는 지금의 느낌을 오랜 시간 동안 담담하게 풀어내기 시작했습니다. 평소 일에 대한 책임감이 강한 윤 본부장은 성과를 내는 것에 누구보다 자신감이 있었습니다. 하지만 부서 이동과 승진을 앞둔 상황에서 그는 방황하기 시작했습니다. 이번에 승진하지 못하면 회사를 나와야 한다는 불안감과 상사에게 인정받지 못할 수도 있다는 두려움이 자신에 대한 불신으로 이어지며 멘털이 흔들리게 된 것이죠. 윤 본부장은 그럴수록 자신의 가치를 인정받기 위해 모든 책임을 끌어 앉고 과도하게 노력했지만 오히려 이런 노력이 자충수를 두는 일이 되고 말았습니다.

자기 신뢰는 삶에 대한 주도성을 인식하는 것

코치: 지금까지 이야기를 쭉 해 보니 어떠세요?

윤 본부장: 이야기하면서 드는 생각은 결국 책임감이 문제였던 거 같아요. 외부의 요구에 나를 맞춰 놓으니까 일관성이 없었던 거예요. 삼천포로 빠졌을 때 '내가 대체 왜 이러는 거지?', '제정신이 아니고서야 저 상황에서 왜 저렸지?' 하는 약간 후회되는 순간도 있었고요. 여러 가지로 좀 현타가 오네요. 제가 외부의 사물을 바라볼 때는 굉장

히 비판적으로 잘 보는데, 정작 나는 무슨 생각을 하고 있는지 나에 대해서 정보가 너무 없었다는 생각이 드네요.

코치: 갑자기 궁금해지는데요. 책임감이라는 단어를 바꾼다면 어떻게 바꾸고 싶으세요?

윤 본부장: 아!… 일에 대한 책임감이 아니라 나에 대한 책임감으로 바꾸면 제가 어디서 오작동이 생기는지 알 수 있고, 그렇게 되면 스스로 오작동이 생기지 않도록 할 수 있지 않을까요? 제 생각과 감정, 행동의 한계점을 알면 나의 장점은 최대한 활용하고, 나의 약점은 최대한 관리할 수 있을 거라 생각해요.

코칭을 마치며 윤 본부장이 새롭게 찾은 '책임감'이라는 단어가 한동안 마음에 남았습니다. 특히 리더들은 일과 타인에 대해 더 많은 책임감을 느끼는 사람들입니다. 그런데 아이러니하게도 책임감은 항상 긍정적으로 작용하지 않습니다. 오히려 상대방과의 관계나 상황을 더욱 악화시키기도 합니다. 리더 중에 이런 이야기를 자주 하는 분들이 있습니다. "내가 이렇게 서포터를 해 주는데 고마워할 줄도 모르고", "이 대리는 구제불능에 가능성이 전혀 없어", "이것 저것 다 시켜봤지만 박 사원은 잘하는 게 하나도 없어."

윤 본부장처럼 자신의 생각-감정-행동에 책임감을 갖는다는 건 우리 삶에 **가장 큰 영향력을 끼치는 존재가 바로 나 자신임을 인식하는 것입니다.** 이러한 인식은 타인이나 상황에 대한 불평보다 삶에 대한 주도성을 갖게 합니다. 항상 이 대리를 탓하던 리더가 현재 상황에 영향력을 끼치는 것이 자신임을 인식하게 된다면 어떤 변화가 찾아올까요? 이 대리를 변화시키기 위해 노력(갈등)하기보다는 이 대리가 좀 더 잘할 수 있는 일을 찾아보거나 이 대리가 성과를 내기 위해 필요한 도움이 무엇일지 고민하는 데 에너지와 시간을 쓰지 않을까요?

일과 타인에 대한 책임감을 갖는 것 vs. 나에 대한 책임감을 갖는 것.
어느 것이 더 나은 변화, 성취, 결과를 가져올까요?

번아웃이 찾아온 워커홀릭 조 과장

감정 마주하기: 이제 캔디를 안아 주겠어요

동경과 죄책감 사이에 있는 현대인들의 휴식

주변을 둘러보면 다들 과할 만큼 정신없는 일상을 보내고 있습니다. 일을 마치고 휴식을 취할 때도 스마트폰을 곁에 두고 연락을 주고받거나 다양한 콘텐츠를 보며 빠르게 변해가는 트렌드를 쫓아가기 위해 노력합니다. 특히 현대인들은 휴식에 대해 상반된 감정을 가지고 있습니다. 휴식을 동경하지만, 막상 모든 것을 멈추고 휴식을 취하게 되면 괜히 내가 게을러진 듯한 느낌과 시간을 낭비하는 것 같다는 죄책감이 마음 한편에서 올라옵니다. 쉬면 뒤쳐질까 봐, 인정받지 못할까 봐 잠시라도 마음 편히 속도를 늦추지 못하고 늘 분주하게 살아갑니다. 코칭에서 만난 조 과장 역시 그랬습니다. 그녀는 이직 후 제대로 쉬어본 날이 없었고, 차라리 교통사고가 나서 일주일간 병원에 입원했으면 좋겠다는 이야기로 코칭을 시작했습니다.

> 코치: 오늘은 어떤 이야기를 나누면 좋을까요?
>
> 조 과장: 일요일에 영화를 세 편이나 봤어요. 요새 너무 피곤하고 다운되는 것 같아서 그냥 아무것도 하고 싶지 않았거든요. 그런데 영화

를 봐도 풀리지 않는 거예요. 하루 종일 빈둥거린 것 같고, 시간도 낭비한 것 같아 짜증도 나고, 죄책감도 들고…….

코치: 보통 어떨 때 그런 기분이 드나요?

조 과장: 자주는 아니지만 잘 살다가도 불쑥 부정적인 생각과 허무한 감정이 찾아올 때가 있어요. 감정을 무시하기도 하고 눌러보려고 노력도 하는데, 그러다가 결국 가장 만만한 신랑에게 화를 내요. 소리도 지르고, 그러면 안 되는데 물건을 던지기도 하고… 신랑이 정말 착해서 다 받아 주고 이해해 줘요. 그러고 나면 늘 미안하고 내가 왜 이러나 후회되죠.

누르면 누를수록 커지는 감정이라는 풍선

조 과장처럼 우리는 개인의 성장과 직업적 성취 그리고 행복하고 충만한 삶을 위해 오늘도 열심히 살아갑니다. 어떤 날은 그런 나의 모습에서 희망이 그려지기도 하고 긍정의 에너지가 느껴지기도 합니다. 하지만 어떤 날은 모든 것이 귀찮고 의미 없는 것 같고 한없이 기운 빠진 미운 나의 모습을 마주하게 됩니다. 나를 둘러싼 긍정적인 생각과 마음은 도대체 어디로 증발해 버린 걸까요? 어떤 것이 나의 진짜 마음일까요? 이럴 때 여러분들은 어떻게 하나요? 조 과장처럼 애써 외면하거나 꾹꾹 참고 있다가 엉뚱한 대상에게 화를 내고 있지는 않나요?

정혜신 박사는 《당신이 옳다》에서 각각의 감정에는 이유가 있기 때문에 모든 감정은 옳으며 존중받아야 한다고 했습니다. 불안을 느끼면 '이러면 안 되는데' 할 게 아니라 '내가 지금 불안하구나. 왜 그런 걸까?'라고 곰곰이 나와 내 상황을 짚어 봐야 한다고 합니다. 감정은 맞다/틀리다, 옳다/그르다가 아닌 나의 상태를 있는 그대로 알려 주는 지극히 자연스러운 신호입니다. 하지만 우리는 자신의 감정을 드러내지 않는 것이 성숙한 어른의 행동이라 배웠고, 특히 조직 생활을 하며 부정적인 감정을 표출하는 것은 아마추어라는 인식이 팽배합니다. 그러다 보니 자연스레 부정적인 감정은 숨기고, 외면하고, 누르고, 삼켜왔던 것이죠.

혹시 수면 위에 떠 있는 풍선을 눌러본 적이 있나요? 누르면 누를수록 위로 솟아오르려고 하는 힘이 더욱 크게 작용하는 것처럼 우리의 마음도 풍선과 같습니다. 마음이라는 바다에 떠오른 부정적인 감정은 억제할수록 가라앉거나 사라지는 것이 아니라, 솟아오르려는 풍선처럼 그 힘이 더욱 커집니다. 그래서 우리는 조 과장을 찾아온 부정적인 생각과 감정을 천천히 마주해 보기로 했습니다.

> 코치: 불쑥 찾아오는 부정적인 생각과 감정에 이름을 붙여 본다면 뭐라고 할 수 있을까요?
> 조 과장: 꺼져요.
> 코치: 꺼져요?
> 조 과장: 네, 저를 정말 찾아오지 않았으면 좋겠어요.
> 코치: 꺼져는 주로 언제 조 과장님을 찾아오나요?

조 과장: 지난 주말처럼 날이 흐리고 비가 올 때 찾아와요. 그리고 가을에서 겨울로 넘어가는 스산할 때 그때도 오네요.

코치: 꺼져는 어떤 모습을 하고 있어요?

조 과장: 꺼져는 작은 여자 아이예요. 대여섯 살쯤 되는 작은 아이가 어두운 골목길에서 벽을 보고 쪼그리고 앉아 있어요.

코치: 작은 여자 아이가 과장님께 무슨 말을 하고 싶어 하나요?

조 과장: 너무 슬퍼서… 하염없이 울고만 있어요. 큰소리를 내지도 못하고 소리 죽여 울고 있어요.

코치: 그 아이에게 무슨 말을 해 주고 싶으세요?

조 과장: 캔디 노래를 불러 주고 싶어요.

코치: 지금 그 여자 아이를 보며 불러 주시겠어요?

조 과장: 외로워도 슬퍼도 나는… 안 울어. 참고 참고… 또 참지 울긴 왜 울어…….

(중간 생략)

코치: 과장님, 목소리의 주인으로서 앞으로 부정적인 생각과 감정이 다시 찾아오면 어떻게 하시겠어요?

조 과장: 목소리의 주인이요?

코치: 네! 과장님이 목소리의 주인이잖아요.

조 과장: 그 말 참 좋네요. 코치님! 다시 찾아오면 꺼져가 아니라 캔디를 안아주겠어요.

모든 감정은 옳다
감정을 다루는 방식이 잘못되었을 뿐

희한하게도 조 과장을 찾아왔던 감정(꺼져)은 아주 크고 힘이 셀 것 같았지만, 사실 작고 초라한 심지어 불쌍한 감정까지 느끼게 하는 어린 여자 아이의 모습(캔디)이었습니다. 어쩌면 내가 돌봐야 할, 내가 보듬어 안고 가야 할 나의 또 다른 모습일지도 모릅니다. 누군가 나를 알아봐 주고 인정해 주길 바라듯이, 내 안의 작은 아이도 자신을 알아봐 주기를 기다리고 있었는지 모릅니다. 가끔은 불완전하고, 때로는 마음에 들지 않지만 있는 그대로의 나를 알아봐 주고 인정해 주고 공감해 주는 것. 이것이 자신을 건강하게 사랑하는 모습이 아닐까요?

조 과장의 코칭은 어떻게 마무리되었을까요? 조 과장은 불쑥 찾아오는 감정의 실체가 과거의 경험에서 비롯되었다는 것을 알게 되었습니다. 그리고 '교통사고가 아니라 만약 성과를 인정받아 일주일간 보상 휴가를 간다면 당장 무엇을 하겠어요?'라는 행운 같은 질문 덕분에 조 과장은 더 이상 죄책감을 느끼지 않는 자신만의 휴식 방법을 찾을 수 있었습니다. 그게 무엇이냐고요? 그것은 바로 '탱고'였습니다.

코칭은 한 사람 한 사람의 역사(history)를 기억하는 것일지 모릅니다. 감사한 마음을 꼭 전하고 싶다는 그녀는 저에게 탱고 음악을 선물했습니다.

탱고 음악을 듣고 있으면 조 과장이 자연스레 떠오릅니다. 탱고를 배우러 남미에 가고 싶다는 그녀의 버킷리스트가 언젠가 꼭 이루어지길 바라봅니다.

꿈과 현실 사이에서 갈등하는 임 사원

제가 어릴 적에는 동네에서 삼삼오오 모여 바둑을 두던 어르신들의 모습을 흔히 볼 수 있었습니다. 팽팽한 긴장감마저 감도는 바둑판 위의 침묵을 깨고 으레 "아~ 거참! 그게 아니지!" 하며 훈수를 두던 어르신도 있었습니다. 어린 꼬마 눈에는 모든 것을 꿰뚫어 보는 훈수꾼이 대단해 보였던 기억이 납니다. 직접 바둑을 두고 있는 사람에게는 보이지 않던 뾰족한 수가 훈수꾼의 눈에는 어떻게 훤히 보이는 걸까요?

우리 인생도 바둑판과 많이 닮았습니다. 누군가 어려운 상황에 처해 있거나 문제를 겪고 있을 때 우리는 훈수꾼의 시선으로 이렇게 이야기합니다. '이게 안 돼? 그게 왜 문제야? 그냥 봐도 어떻게 할지 알겠는데!' 하고 말입니다. 그런데 막상 나의 문제가 되면 상황은 완전히 달라집니다. 경기가 끝난 후 상황을 돌이켜 보고 나서야 내가 왜 그때 그것을 못 봤을까 하는 후회가 밀려옵니다. 그것은 바로 플레이어가 되어 막상 경기를 뛸 때는 판을 정확하게 읽고 움직이기가 쉽지 않지만, 훈수꾼 또는 관람객일 때는 경기의 전체 상황을 훤히 관찰할 수 있기 때문입니다.

꿈과 현실 사이에서 고민하는 임 사원

임 사원은 안정적인 회사를 다니고 있습니다. 그는 스포츠 관련 학과를 나와 입사 전 스포츠 교실에서 학생들과 어린 선수들을 지도했습니다. 그는 학생 한 명 한 명에게 책임감을 가지고 성실하게 지도했고, 곧 어머님들의 칭찬과 인정을 받게 되었다고 합니다. 임 사원의 레슨을 받으려는 학생과 어린 선수들이 점차 늘어나자 주변 코치들의 시샘도 많아졌습니다. 하지만 그럴수록 더 깍듯하게 인사했고, 먼저 다가가 말을 걸며 관계를 쌓자 어느 순간 자신을 인정해 주는 선배 코치들이 많아졌다고 합니다. 그러던 어느 날 코로나와 함께 모든 것이 멈춰 버렸습니다. 커리어 코칭에서 만난 임 사원은 이전에 하던 코치 일을 그만두고 정년이 보장되는 안정적인 회사에서 근무하고 있었습니다. 하지만 그는 여전히 커리어에 대해 고민 중이라 했습니다.

> 임 사원: 제가 개인적인 이야기를 너무 많이 했네요! 하루아침에 모든 상황이 바뀔 수 있다는 것이 저에게는 굉장히 충격적인 사건이었습니다.
> 코치: 특히 코로나 초기에는 다들 많이 움츠러들었죠. 커리어에 대한 고민을 꽤 오랜 시간 한 것 같은데, 그동안의 생각을 이야기해 주시겠어요?
> 임 사원: 현재까지도 어머님이 일을 하세요. 누나도 있지만 실질적인 가장은 저라고 생각하고 있어요. 지금껏 고생하신 어머님도 이제 그만 쉬셨으면 하고요. 그리고 코로나를 겪으면서 무엇보다 안정적인 회

사에서 일해야겠다고 생각했어요. 그런데 막상 일을 하면 할수록 장점보다는 단점이 계속 눈에 들어오더라고요. 그래서 이직에 도움이 되는 시험을 준비해 볼까 싶어서 시험 일정이나 시험 과목을 알아보고, 각시험의 장단점도 모두 조사해 보기도 했어요. 직접 눈으로 확인해야 하는 스타일이라 서점에 가서 교재도 미리 훑어봤습니다.

코치: 이미 많은 것들을 알아보셨네요. 그럼 오늘 코칭이 끝났을 때무엇을 얻고 싶나요?

임 사원: 일과 시험을 병행해서 준비해야 하는 상황이라 실천 가능한 세부 계획을 짜고 싶습니다.

코치: 네, 알겠습니다. 그런데 아까 학생들을 지도하는 이야기할 때와 지금 회사와 시험 이야기할 때 에너지가 많이 다르게 느껴지네요. 지금은 어떤 기분인가요?

임 사원: 묵직한 것이 저를 누르는 것 같다고 할까요. 머리로는 이렇게 하면 되겠다는 생각이 드는데 막상 몸이 움직여지지 않습니다. 그러면서 계속 시험 정보나 시험 후기를 찾아보는데… 이야기하고 보니 확신이 없다기보다는 스스로 계속 미루는 것 같아요.

코치: 만약에 내가 하는 일이 실패하지 않는다면, 무조건 성공한다면 무엇을 가장 해 보고 싶으세요?

임 사원: 그야 아이들을 지도하는 일이죠.

코치: 아이들을 지도하는 일이 임 사원님에게는 어떤 의미인가요?

임 사원: 고등학생 때 부상으로 선수 생활을 그만뒀습니다. 그때 세상이 무너지는 것 같았어요. 지금까지 노력한 시간이 아무것도 아닌 게 되었으니까요. 그런데 아는 분의 소개로 우연한 기회에 학생들을 가르

치게 되었을 때 다시 선수를 꿈꾸던 시간으로 돌아간 것 같았어요. 뭐랄까요. 가슴이 벅차고 충만한 기분이 들었어요. 매일매일이 행복하고 신났어요! '몇 년 이렇게 일하면 내 이름으로 센터를 만들 수도 있겠다. 그러면 센터 한편에 커피숍을 만들어서 그곳은 어머니가 운영하고, 누나는 영어를 잘하니까 영어로 운영하는 어린이 반도 만들어야지' 하고 가족들과 주말에 외식하며 종종 이런 이야기를 나누곤 했어요. 그때는 그게 허황된 꿈이 아니라 실제로 가능해 보였거든요.

코치: 지금 이렇게 직접 말해 보니 어떠세요?

임 사원: 코치님, 잠시 갓길에 차를 세워야겠어요! 그때는 코로나 초기였고 지금은 또 그때와는 다를 수도 있을 것 같아요. 현재 어떤 상황인지 알아보고 결정해야겠어요. 그렇게 해야 어떤 선택을 하더라도 후회나 미련이 남지 않을 것 같아요.

어떤 선택이든
후회 없는 선택을 하는 것

살아가는 동안 우리는 수없이 많은 크고 작은 선택의 기로에 서게 됩니다. 그때는 최선의 선택이었지만 지나고 보니 후회가 남기도 하고, 때로는 차선의 선택이라 아쉽고 불리한 것처럼 여겨졌지만 오히려 묘수가 되어 돌아오기도 합니다. 결국은 어떤 선택을 했는지보다 나의 선택이 최선의 결과를 가져올 수 있도록 노력하는 태도가 중요합니다. 코칭에서 만난 임 사원은 어떤 선택을 하더라도 그가 가진 많은 강점과 긍정적인 삶의 태도로 분명 좋은 열매를 맺을 사람이란 확신이 들었습니다.

이날의 코칭 대화에서 코치로서 그에게 해 주고 싶었던 건 '꿈을 좇아가라' 는 훈수가 아닌 훈수꾼의 시선이었습니다. 선택의 기로에서는 상황에 압도 되어 빠른 선택을 하고 실행에 옮기는 것보다 여유를 갖고 상황을 다각도 로 살펴볼 수 있는 훈수꾼의 시선이 중요하기 때문입니다. 임 사원이 잠시 갓길에 차를 세운 것과 말이죠.

매너리즘에 빠진 박 대리

나만의 의미 찾기: 이제는 반딧불이를 찾고 싶어요

박 대리: 끝을 알 수 없는 길 위에 서 있는 기분이에요.

코치: 지금 서 있는 길은 어떤 모양인가요?

박 대리: 아주 가느다란 굽은 길이에요. 경사는 심하지 않고 혼자 걸 어갈 수 있을 너비 정도요.

코치: 주변을 한번 둘러보세요. 무엇이 보이나요?

박 대리: 아주 깜깜한 숲길이에요. 집도 사람도 없는 아무것도 보이지 않는 길이에요.

7년 차 박 대리는 제약 회사에서 영업 관리 업무를 담당하고 있습니다. 회사가 만든 제품을 고객이 있는 곳에 제때 전달되도록 관리하는 것부터 반품과 비용 처리, 실적과 성과 관리 등의 업무를 도맡아 하고 있습니다. 그런데 같은 일을 계속하다 보니 재미는커녕 엑셀만 봐도 지겹다고 합니다. 이렇게 일은 재미없는데 시간이 흘러 연차는 쌓여 가고, 직무 변경이라도 해 볼까 했지만 현장직군이나 영업 기획 업무는 자신과 잘 맞을지 확신이 없다고 합니다. 또, 이직을 잠깐 생각해 보기도 했지만 지금의 경력으로는 비슷한 일밖에 할 수 없을 것 같아 답답하다고 했습니다.

코치: 깜깜한 밤길이군요. 잠깐 밤하늘을 올려 보실래요? 뭐가 보이시나요?

박 대리: 별이 안 보이네요…….

코치: 그 별은 어디로 갔을까요?

박 대리: 별이 어디로 가진 않았어요. 그냥 그 자리에 가만히 있어요. 다른 빛에 가려 보이지 않을 뿐이에요.

코치: (그 별을 보니) 마음이 어떠세요?

박 대리: 되게 서글프네요. 옛날에는 뭐든 하고 싶은 것도 많고 열정도 있었는데, 지금은 모든 것이 무덤덤해진 것 같아요. 재미있는 것도 없고, 하고 싶은 것도 딱히 없어요. 사실 걱정만 하고 살고 있죠.

코치: 그럼 걱정 말고 무엇을 해 볼 수 있을까요?

박 대리: 반딧불이를 찾고 싶어요. 사실 제가 무엇을 하고 싶은지 잘 하는지 모르겠어요. 성적에 맞춰 대학 가고, 졸업해서 운 좋게 취업해서 지금까지 온 건데 재미있고 의미 있는 일을 하고 싶다는 생각만 했네요. 오늘 이야기를 하다 보니 막상 저를 잘 모르고 있다는 생각이 들어요.

인간은 본능적으로 의미를 찾는 존재

신입 때는 일에 적응하느라 이것저것 생각해 보고 따질 겨를이 없습니다. 필요한 지식을 쌓고 몸으로 일을 배우며 어느 정도 고된 시간을 겪고 나면 더 이상 일이 낯설지 않고 소소한 실수나 반대 의견도 유연하게 대처하게 되는 순간이 옵니다. 그렇게 일이 내 것이 되어 손에 익게 되면 박 대리처럼 일을 더 큰 관점에서 바라보며 일의 의미를 찾고 싶어집니다.

듀크 대학교의 댄 애리얼리(Dan Ariely) 교수는 재미있는 실험을 했습니다. 모든 참가자들에게 문장이 빽빽하게 쓰인 종이를 나눠 주며 특정 알파벳을 찾아 체크하도록 합니다. 그들은 자신이 완료한 페이지 수만큼 돈을 받고, 원할 때까지 이 일을 계속할 수 있습니다. 그런데 한 그룹은 알파벳 찾기를 마친 후 자신의 이름을 종이에 적어 제출하게 했고, 다른 한 그룹은 이름을 적지 않도록 했습니다. 심지어 이름을 적지 않은 그룹에서 제출된 종이는 참가자가 보는 앞에서 파쇄기로 없애버렸습니다.

실험 결과는 어땠을까요? 적당히 해도 들킬 일 없는 그룹이 대충해서 더 많은 과제를 수행하지 않았을까요? 하지만 결과는 놀랍게도 정반대였습니다. 자신의 이름을 적어 제출한 그룹이 훨씬 더 많은 과제를 합니다. 어떻게 이런 결과가 나왔을까요? 사실 문장이 가득한 종이에서 특정 알파벳을 찾는 일은 반복적이고 무의미한 일에 가깝습니다. 하지만 자신의 이름을 적는 행위는 사소해 보이지만 자기 일이라는 의미와 책임을 갖게 합니다. 따라서 자신의 이름을 적지 않고, 심지어 노력한 결과물이 눈앞에서 파쇄되는 장면을 본 참가자들은 자신의 행위에서 그 어떤 의미도 찾을 수 없었을 것입니다. 이처럼 일의 의미는 우리가 일을 지속할 수 있는 힘이 됩니다.

의미는 각자의 고유함에서 출발하는 것

매일 아침 명상으로 하루를 시작하는 것, 커피 향이 퍼지는 순간을 음미하는 것, 부모님께 안부 전화를 드리는 것, 주말에 갓 구워진 베이커리를 사러 동네 빵집을 다녀오는 것, 수고한 나를 위해 꽃 한 다발을 선물해 주는 것. 여러분이 중요하게 생각하는 가치 있고 의미 있는 것은 무엇인가요?

이처럼 나에게 의미 있는 것은 지극히 주관적입니다. 그래서 일의 의미는 누군가 알려 주는 것이 아니라 스스로 의지를 갖고 찾아야 합니다. 그럼 나에게 의미 있는 일은 어떻게 찾을 수 있을까요? 먼저 지금까지 자신이 걸어온 길을 천천히 돌아봅시다. 지난날 자신이 걸어온 커리어와 성과를 리뷰하고 정리하는 시간은 반딧불이를 발견할 수 있는 좋은 단서가 됩니다.

영어 공부, 독서, 스터디 모임 등 지금 무언가 하지 않으면 뒤처지는 것 같은 불안감에 막연하게 습관적으로 해 왔던 일은 무엇인가요? '언제까지 다닐 회사인지 모르는데 자격증 하나는 있어야지!' 하며 불안감 때문에 하고 있는 일은 무엇인가요? 이런 것들을 하나씩 내려놓고 마음 가는 일, 그냥 하고 싶은 일, 시간 가는 줄 모르고 집중했던 일, 상대적으로 남들보다 노력하지 않아도 쉽게 성과를 만들었던 일, 남들이 알아주지 않더라도 꼭 하고 싶은 일이 무엇인지 많이 찾을수록 자신이 누구인지 분명하게 알게 됩니다.

그다음은 **상상으로 창조하는 것입니다.** 왜냐하면 발견이 곧장 제2의 직업으로 연결되기 쉽지 않기 때문입니다. 평균 수명 100세를 넘어 120세를 앞두고 있는 시대에 살고 있는 우리에게 꿈을 이루기에 늦은 나이란 없습니다. 맥도날드의 실질적 창업자이자 지금의 글로벌 프랜차이즈로 이끈 사업가 레이 크록(Ray Kroc)은 53세에 사업을 시작했으며, 면도기의 대명사인 질레트를 창업한 킹 질레트는 당시 나이 48세였습니다. 내 꿈의 걸림돌이 되는 것은 나이가 아닌 미래와 나의 삶에 대한 빈곤한 상상력입니다.

나의 일을 찾는 방법

첫째, 삶과 커리어 여정에서 반딧불이가 남겨 놓은 흔적 발견하기.

둘째, 내가 진정 원하는 북극성 발견하기.

셋째, 일 년에 1도씩 북극성을 향해 초점 맞춰 나가기.

나의 일을 찾기 위해 던져야 할 질문

- 지금까지 당신은 어떤 길을 걸어왔나요?
- 그중 가장 나다운 길은 언제였나요?
- 그 길에서 가장 인상적인 사건은 무엇이었나요?
- 당신은 그 길에서 무엇을 발견할 수 있었나요?

- 가장 힘든 길은 어떤 길이었나요?
- 무엇이 당신을 힘들게 했나요?
- 그 길에서 당신은 무엇을 깨달았나요?

- 현재 당신이 서 있는 길은 어떤 모습인가요?
- 그 길은 어디로 이어지나요?
- 그 길의 끝에 무엇이 있기를 바라나요?
- 그것을 위해 지금부터 무엇을 준비해야 할까요?

거절이 힘든 강 대리

솔직한 감정 표현: 거절하면 죄책감이 들어요

사회생활을 하며 우리는 서로 도움을 주고받습니다. 때로는 도움을 요청하기도 하고, 때로는 누군가의 요청을 받기도 합니다. 그런데 코칭에서 만난 강 대리는 항상 도움을 주는 사람으로 누군가의 부탁을 거절하지 못하는 사람이었습니다. 평소 그녀는 동료들의 부탁을 거절하지 못하고 업무 시간에 남의 일을 해 주느라 정작 자신의 일은 손도 못 대는 날이 많았다고 합니다. 게다가 스케줄상 부담스럽더라도 누군가 만나자는 연락이 오면 일단 잡아 놓고 나중에 미안해하며 취소하기를 반복하고 있었습니다.

굳이 맞춰주지 않아도 괜찮습니다

코치: 강 대리님은 정말 맞장구를 잘 쳐주시네요! 오히려 코치인 제가 공감받는 기분이 듭니다.

강 대리: 맞아요! 맞아요! 제가 좋아하는 사람들과 있을 때는 저도 즐거우니깐 괜찮거든요. 그런데 상대방이 전혀 마음에 안 들어도 제가 잘 들어 주고 맞장구쳐 주고 하다 보면 이야기가 끝나지 않을 때가 있어요. 사실 제 관심사도 아니고 재미도 없는데 그럴 때는 정말 기가 빨리는 느낌이에요.

코치: 대리님, 제가 요청 하나 드려도 될까요?

강 대리: 네! 그럼요!

코치: 저와 있을 때는 '맞아요! 맞아요! 정말요? 저도 그렇게 생각해요!' 이런 표현을 조금 줄여보는 연습을 해 보면 어떨까요? 저를 맞추기 위해 애쓰지 않으셔도 괜찮아요.

강 대리: 아… 네.(웃음) 이게 직업병일까요? 뭔가 착한 아이 콤플렉스 같기도 하고…….

코치: 그러면 우리 심호흡 몇 번 하고 이야기 계속 나눠 볼까요?

코치와의 대화에서도 말이 채 끝나기 전에 맞장구와 공감을 해 주려는 강 대리의 모습을 보며 그녀가 평소 얼마나 상대방을 배려하고 헤아리는 대화를 하고 있을지 짐작되었습니다. 실제 강 대리는 주변 분위기가 무겁거나 불편하다는 느낌이 들면 자신의 잘못이 아니더라도 웃긴 이야기를 하며 분위기를 띄운다고 합니다. 사회생활을 위해 공감 능력도 필요하지만, 강 대리처럼 상대방에게 무조건 맞추는 대화는 서로에게 건강한 소통이 아닙니다.

거절은 나의 답변 중 하나일 뿐이다

코치: No 하고 싶은 상황이나 No라는 단어를 떠올리면 어떤 느낌이 드나요?

강 대리: 죄책감이 들어요. 왠지 거절하면 그 사람을 거절하는 것 같다는 느낌이 들어요. 제가 제 것만 챙기고 주변 사람을 상처 주는 이기적인 사람이 된 것 같아요.

코치: 미안함이나 아쉬움이 아닌 죄책감이네요.

강 대리: 그러게요. 저는 코치님 말씀대로 미안함이나 아쉬움이 아니라 왜 죄책감이 들까요? 제가 부탁을 들어 주기 싫어서 뭔가 거짓말을 하거나 핑계를 댄 것도 아닌데 말이에요…….

우리는 대화를 통해 강 대리가 느끼는 죄책감을 비롯해서 불편하고 부정적인 감정들이 어디서 온 것인지 찾아보기로 했습니다. 그리고 거절에 대한 내 감정과 거절 후 상대방이 느낄 감정에 대해 이야기를 나누고 매주 나의 마음과 상대방의 마음을 함께 들여다보는 시간을 가졌습니다. 이를 통해 강 대리는 자신이 걱정하고 두려워했던 것만큼 상대방이 속상해하거나 상처를 받지 않는다는 것과 오히려 그동안 자신이 바보처럼 느껴질 정도로 상대방은 가볍게 물어본 것이라는 것을 발견하고 마음이 가벼워졌습니다. 상대방이 여러 가지 가능성을 두고 나에게 부탁한 것처럼 Yes와 No는 나의 답변 중 하나일 뿐입니다.

함께 윈윈하는 어서티브한 소통

어서티브(assertive)라는 영어 단어가 있습니다. 영어 사전을 찾아보면 '적극적인, 확신에 찬'이라는 뜻인데 적절한 한국어 뜻이 없다 보니 한국어로 옮기지 않고 어서티브한 소통이라고 이야기합니다. 어서티브한 소통은 긍정적인 의견이든 부정적인 의견이든 열린 마음으로 솔직하게 표현하는 것을 말합니다. 여기서 중요한 것은 나의 의견과 생각만 주장하는 것이 아니라, 상대방의 의견과 생각도 존중하면서 자신의 의견을 솔직하게 표현하는 것입니다.

승자와 패자가 나뉘는 대화도 아니고, 상대방에게 일방적으로 맞추는 대화도 아닙니다. 각자 중심을 갖되 상대방의 어떤 의견과 생각에도 귀 기울여 줄 수 있는 어서티브한 소통이야말로 강 대리와 우리가 지향해야 할 좋은 대화의 이상향이 아닐까요?

제2의 직업을 찾는 이 팀장

나를 만나는 대화: 뾰족한 전문가가 되고 싶어요

대개 회사원들의 삶은 앞서거니 뒤서거니 하며 비슷한 모습을 보입니다. 입사의 기쁨과 함께 모든 것이 신기하고 낯설기만 한 신입 시절에는 열정 넘치게 일과 조직을 배워 나가고, 대리가 되면 일과 관계에 대한 성공 경험들이 하나 둘 쌓이면서 속도를 내어 달립니다. 그러다 보면 과장, 차장, 부장을 거쳐 어느새 관리자라는 위치에 서게 됩니다.

이렇게 하루하루 돌아볼 겨를도 없이 열심히 앞만 보며 살다 보면 어느 날 갑자기 현타가 옵니다. '내가 잘 살고 있는 거 맞나?', '이 일이 진짜 내가 원하던 일인가?', '언제까지 회사를 다닐 수 있을까?', '언제쯤 일과 삶에서 균형을 찾을 수 있을까?', '이렇게 사는 것이 정답인가?' 빠르면 30대 초반에 찾아오기도 하고, 사십춘기라는 말이 있듯 마흔 살 전후에 불쑥 찾아오기도 합니다. 이 팀장의 경우도 그랬습니다.

인생 후반전을 위한 하프 타임이 필요해

이 팀장은 대기업군에 속하는 조직에서 경영 전략, 인사 기획 업무를 거쳐 육아 휴직을 마치고 인재 개발팀으로 복직했습니다. 출장이 잦은 교육 업무와 육아 사이에서 균형을 맞출 수 있을지 걱정되었지만, 언젠가는 꼭 해보고 싶었던 업무라 좋은 기회를 놓치고 싶지 않았습니다. 평소 커리어 성장에 관심이 많았던 이 팀장은 5년 동안 필요한 지식과 경험을 쌓아 가며 하루하루 즐겁게 일했습니다. 하지만 이 팀장은 인재 개발 팀장으로 승진하며 팀장 역할이 자신에게 맞지 않는 옷이라는 생각이 들기 시작했습니다. 항상 즐겁던 출근길에 '왜 행복하지 않지?', '팀장이라는 역할이 낯설고 어색해서 그런가?', '나는 팀장보다 플레이어(팀원)에 적합한 사람인가?'라는 질문이 가끔 찾아왔지만, 어느새 주어진 역할에 그럭저럭 적응해 가고 있었습니다.

그러던 어느 날 이 팀장은 신입 직원 교육을 위해 2주간 연수원에 들어가게 됩니다. 잦은 회의와 야근에서 벗어나 이 팀장이 준비할 회의도, 이 팀장을 찾는 사람도 없는 이곳의 시간은 마치 살바도르 달리의 그림 속 시계처럼 정지한 듯 천천히 흘러갑니다. 12월의 포근한 햇살을 쫓던 이 팀장의 시선이 나이 든 등산객에게 멈췄습니다. 그리고 문득 '행복한 삶이란 뭘까?', '십 년 후 나는 어떤 모습으로 일하고 싶은 걸까?' 하는 뜻밖의 질문에 맞닥뜨리게 됩니다.

몇 년째 조직 내에서 늘 새로운 것, 그다음 단계를 고민하던 이 팀장에게 이 질문은 삶을 전혀 다른 방향으로 이끌었습니다. 한국의 대다수 조직에서는 한 보직을 맡은 지 2~3년이 되면 다른 보직으로 발령을 내고, 조직 안에서 다양한 경험과 관점으로 조직의 성과를 높이도록 돕는 멀티 플레이형 관리자를 키워 내는 것이 목표입니다. 이 팀장도 조직의 한 분야에서 15년을 근무하며 조직이 요구하는 역량을 갖추기 위해 노력했습니다. 하지만 스스로 행복한지에 대한 질문은 조직 안에서의 유능한 관리자가 아닌 조직 밖에서 한 분야의 전문가가 되어 인생 후반전을 뛰고 싶다는 생각을 들게 했습니다. 그리고 업을 전환하기 위해서는 적어도 3년 정도의 하프 타임이 필요하다는 것과 늘 엄마와의 시간이 부족한 아이에게 엄마와 함께할 수 있는 시간을 선물해 줄 수 있는 때도 지금이라는 생각이 들었습니다.

저는 뾰족한 전문가가 되고 싶어요

퇴사 결정 후, 이 팀장은 우연히 떠오른 코칭을 먼저 배워 보기로 합니다. 코칭 교육 과정에는 교육생을 대상으로 데모 코칭하는 과정이 있는데, 코치의 뜻밖의 요청으로 이 팀장은 데모 코칭의 고객 역할을 하게 되었습니다.

> 코치: 오늘 어떤 이야기를 나누면 좋을까요?
> 이 팀장: 원하는 일을 넘어 원하는 삶을 살고 싶다는 생각에 최근 퇴사를 했어요. 무엇을 준비해야 할지 찾고 싶습니다.
> 코치: 연수원에서 떠올렸던 원하는 삶은 구체적으로 무엇이었나요?

이 팀장: 그때 다이어리에 경험과 지혜가 축적되는 깊어지는 삶, 경제적 안정과 시간적 자유가 있는 삶, 매 순간 풍요롭게 생각하고 느끼는 삶, 가족과 함께하는 삶, 타인과 함께 성장하고 나누는 삶이라고 적었어요.

코치: 적고 나서 어떤 생각이 들었나요?

이 팀장: 참 신기하게도 처음 한 질문이었는데 너무 쉽게 써지더라고요. 그리고 적어 놓은 것을 보니 '아! 내가 원하는 삶은 관리자로 성장하는 것이 아니라 전문가였구나'라는 것을 알게 되었죠.

코치: 어떤 전문가인가요?

이 팀장: 어떤 전문가인지는 구체적으로 정하지 못했어요. 하지만 뾰족한 전문가가 되고 싶어요!

코치: 뾰족하다는 것은 어떤 의미인가요?

이 팀장: 지금까지 교육 업무를 계속할 수 있었던 것은 정답이 없어서였어요. 정답이 없어서 재미있게 느껴졌거든요. 제가 생각하는 전문가는 정답은 없지만 해답을 함께 찾아갈 수 있는 사람이라 생각해요. 그러기 위해서는 그 분야에서 차별성을 갖고 있어야 하는데 그게 뾰족하다는 의미인 것 같아요.

내 마음속 이야기

데모 코칭 이후 이 팀장은 혼자서 머릿속으로 생각하는 것과 질문에 대한 답을 자신의 귀로 직접 듣는 것이 얼마나 다른지 알게 되었습니다. 무엇보다 퇴사 후 업을 전환하는 시기에 만난 코칭은 이 팀장의 마음속 이야기들을 충분히 들을 수 있는 기회가 되었습니다. 내가 누구인지, 내가 좋아하는 것은 무엇인지, 나의 강점은 무엇인지, 나에게 일은 어떤 의미인지, 하프 타임에서 나는 무엇을 얻고 싶은지, 내가 진정 원하는 삶은 무엇인지, 앞으로 5년 후와 10년 후에는 어떤 모습으로 일하길 원하는지 등을 말이죠. 눈치를 채신 분도 있겠지만 이 팀장은 바로 이 책의 저자인 제 이야기입니다.

코칭에서 만난 많은 사람들이 학창 시절에는 부모와 학교의 기대에 자신을 맞추느라, 입사 후에는 주어진 역할을 내면화하며 열심히 살아내느라 나답게 살고 싶다고는 하지만 나다움이 무엇인지 쉽게 대답하지 못합니다. 사람들과 좋은 대화를 나누는 것도 중요하지만 가장 중요한 대화는 무엇보다 나를 만나는 대화가 아닐까요?

여러분은 얼마나 자주 나를 만나고 있나요?
나를 만나기 위한 특별한 시간, 장소, 방법이 있다면 그것은 무엇인가요?
그리고 나에게 주로 어떤 질문을 하나요?

2장

코치의 대화법

대화의 짝꿍, 경청과 질문

모임에 가면 주로 말을 하는 사람이 있고 반대로 듣기만 하는 사람이 있습니다. 여러분은 말을 주로 하는 사람인가요? 아니면 듣는 것이 편한 사람인가요? 대부분의 사람들은 말을 많이 하는 사람은 능동적일 것 같고, 듣는 사람은 수동적일 것 같다는 편견을 갖고 있습니다. 그리고 사회생활을 할 때 말을 못하는 사람보다는 말을 잘하는 사람이 실제 역량에 비해 높게 평가받는 경우를 종종 봅니다. 그러다 보니 커뮤니케이션 능력 하면 듣기보다는 설득하기, 협상하기, 발표하기 등 말하기 영역을 먼저 떠올립니다.

대화를 잘하는 사람은 말할 타이밍과 들을 타이밍을 잘 구분하는 사람입니다. 말하기에 집중해 상대방의 관심사에서 벗어나 혼자 신나게 이야기하는 것도 아니고, 자신의 궁금증을 해결하기 위해 상대방에게 끊임없이 질문을 하는 것도 아닙니다. 상대방의 이야기를 듣기만 하는 것도 좋은 대화가 아닙니다. 대화를 잘하기 위해서는 대화의 짝이자 두 기둥이라고 할 수 있는 '질문'과 '경청'을 적절한 타이밍에 효과적으로 사용할 수 있어야 합니다.

매트릭스 기법이란 중요한 변수를 양 축에 놓고 4가지 경우의 수를 살펴

보는 방법입니다. 대화에 매트릭스 기법을 적용해 보면 다음 그림과 같습니다.

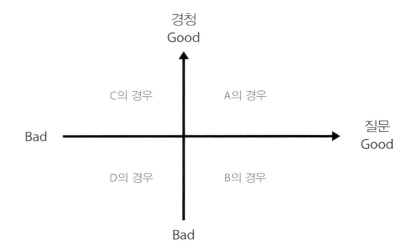

A는 질문도 잘하고 경청도 잘하는 경우입니다. 대화의 가장 이상적인 모습이라 할 수 있습니다. B는 질문은 잘하는데 경청을 하지 않는 경우입니다. 은근히 이런 경우가 비일비재하지 않나요? 이런 경우 상대방이 정말 궁금해서 질문한 것이 맞는지 혹은 어색한 분위기를 깨기 위해 질문한 건지 여러 생각이 듭니다. 게다가 상대방의 질문이 영양가가 없다는 생각이 들면 대답하는 사람도 점차 성의가 없어집니다. C는 경청은 잘하는데 질문이 없는 경우입니다. 학교나 조직에서 볼 수 있는 흔한 장면입니다. 질문을 하지 않는 이유는 평소 관심 없는 분야일 수도 있고, 편안하게 질문할 수 있는

분위기가 아닐 수도 있습니다. 이 경우도 말하는 사람의 일방적 전달로 끝나니 진정한 의미에서 대화라 보기 어렵습니다. D는 질문도 없고 경청도 없는 경우로 불통인 경우입니다.

이번 장에서는 대화의 두 짝이자 기둥인 경청과 질문하기에 대한 이야기를 나누어 보려고 합니다.

여러분의 대화는 사분면 중에 어디에 위치해 있나요?
그리고 그 점을 어디로 이동하고 싶나요?

대화의 시작은 듣는 것

우리는 눈을 떠서 잠들 때까지 매일 누군가 만나 대화를 합니다. 친구, 회사 동료, 가족들과 격의 없이 주고받는 소소한 대화부터 이해관계가 오고가는 비즈니스 대화까지. 대화 없는 일상은 상상할 수 없습니다. 하지만 물과 공기의 소중함을 모르듯 우리가 일상적으로 하고 있는 대화를 생각해볼 기회는 적습니다. 저는 의사소통 관련 교육을 할 때 학습자에게 이런 질문을 합니다.

지금까지 살면서 나누었던 수많은 대화 중에 최고의 대화 장면은 무엇입니까?

잠시 책장을 덮고 여러분도 최고의 대화 장면을 떠올려 보길 바랍니다. 지금까지 살아오며 나에게 힘이 되었던 대화, 나를 나아가게 했던 대화, 나를 기쁘게 했던 대화, 존중받는 느낌을 주었던 대화 등등. 최고의 대화 장면을 찾았나요? 제가 만난 대부분의 학습자들은 골똘히 생각하지만 쉽게 최고의 대화 장면을 찾지 못했습니다. 하지만 서로를 탓하고 비난하고 상처를 주고받았던 대화는 할 이야기가 차고 넘칩니다. 왜 그런 걸까요?

좋은 대화는 소통하는 것

대화 dialog의 어원은 그리스어의 다이아(dia, 통하여)와 로고스(logos, 말·생각)에서 왔습니다. 어원에서 알 수 있듯 대화는 일방적으로 말하는 것이 아니라, 상대방과 함께 말과 생각을 주고받는 것입니다. 간혹 배경이 다양한 사람들로 구성된 모임에 가면 말과 소통에 대해 다시 생각해 볼 만큼 흥미로운 광경을 목격하게 됩니다.

한번은 모기업에서 주최한 행사에 수상자로 참석한 적이 있습니다. 시상식이 끝나고 식사 자리에서 두세 명씩 돌아가며 자기소개를 하게 되었습니다. 자기소개가 끝나고 잠시 어색한 침묵이 돌자 가장 연장자로 보이는 교수님이 자연스레 대화를 이끌어 갔습니다. 마치 호스트처럼 대화를 이끌되 참석자 한 명 한 명 대화에 초대하며 유쾌하면서도 배움이 있는 시간이었습니다. 그날의 대화는 대화의 품격을 새삼 느낄 수 있었던 날이자 저에게 최고의 대화 장면으로 남아 있습니다.

서로 듣는 품격 있는 대화

이런 품격 있는 대화가 많아지면 좋겠지만, 현실에서는 한 사람이 말을 독점하는 장면을 훨씬 자주 목격하게 됩니다. 한국 사회에서는 암묵적으로 나이가 계급과 같은 힘을 발휘합니다. 회사나 학교는 물론 처음 보는 사람들의 모임에서도 힘을 발휘할 정도입니다. 어느 모임에 가도 나이를 비롯해 사회적 지위가 높은 사람이 주로 이야기하고, 나머지는 주로 듣기만 합니다. 하지만 전달하고자 하는 내용이 아무리 훌륭하고 흥미롭더라도 일방적으로 전달되는 정보는 상대방에게 별다른 감흥을 주지 못합니다.

게다가 본인만 스포트라이트를 받으려고 하는 사람의 말은 자신의 생각을 일방적으로 전달하거나, 자신의 지식을 뽐내거나, 자신을 홍보하려는 목적이 보입니다. 그래서 그 사람에 대해 더 알고 싶다는 호기심도, 다시 만나 대화를 나누고 싶다는 마음도 사라집니다. 이처럼 일방적으로 말하려고만 하면 진정한 대화는 이루어지지 않습니다. **대화는 서로 듣는 것입니다.** 상대방의 말과 상대방의 감정을 함께 들으며 서로 주거니 받거니 하며 공감하는 것이 진짜 소통입니다. 이것만 명심하고 있어도 좋은 대화를 이어갈 수 있습니다.

여러분의 대화는 어떤 모습인가요?
당신은 주로 이야기를 하는 사람인가요 아니면 듣는 사람인가요?

당신은 보이지 않는 것을 들을 수 있나요?

어린 왕자가 마지막 작별 인사를 하자 여우는 눈물을 글썽이며 말했습니다.

잘 가. 어린 왕자.
내가 마지막으로 비밀을 하나 알려 줄게.
이건 아주 간단한 거야.
무엇이든 마음의 눈으로 볼 때 가장 잘 볼 수 있다는 거야.
가장 중요한 것은 눈에 안 보이거든.

생텍쥐페리의 《어린 왕자》에 나오는 너무나 유명한 구절입니다. 눈에 보이지 않지만 보고 들을 수 있는 능력은 경청에서도 아주 중요합니다. 너무 어렵다고요? 그렇다면 쉬운 예시를 들어 설명해 보겠습니다.

보이는 것 vs. 보이지 않는 것

인적 자원 개발(HRD) 담당자로 직원 교육 업무를 할 때였습니다. 매년 신입 교육은 숙박 교육으로 2~3주간 진행되었습니다. 교육 기간이 길었던 만큼 힘든 점도 있었지만, 사회에 첫발을 내디딘 신입 사원들의 열정 덕분에 오히려 에너지를 얻는 교육이었습니다. 하지만 초등학생이었던 아이의 방학 기간인 1월과 2월 사이에 교육이 진행되다 보니, 엄마로서는 아이에게 늘 미안한 시간이었습니다.

저녁 6~7시가 되면 어김없이 핸드폰이 울립니다. 엄마가 일하는 중이라 전화하지 말라는 할머니의 말에 아이는 참고 참다 전화를 합니다.

> 엄마 어디야? 뭐 해?
> 엄마 언제 와? 나 뭐 해?

아이의 질문은 이렇게 매번 비슷합니다.
보이는 것만을 듣는 엄마였다면 이렇게 반응하지 않았을까요?

> 엄마 어딘지 몰라? 연수원이지.
> 엄마 지금 바쁘거든! 그리고 뭐 해야 하는지 몰라? 왜 매일 물어보니?
> 방학 숙제랑 학원 숙제 했어?

어떤가요? 아이는 정말 엄마가 어디에 있는지, 무엇을 하는지 그리고 자신이 무엇을 해야 하는지 모를까요? 아이는 엄마가 보고 싶고 그리운 것입니다. 보이는 것만 들을 때와 보이지 않는 것도 들을 수 있을 때 우리의 대화는 전혀 다른 방향으로 전개됩니다.

매일 야근을 하는 팀원이 있다고 가정해 봅시다. 팀장과의 업무 미팅에서 최근 잦은 야근의 어려움을 토로합니다. 보이는 것만 듣는 팀장은 팀원의 이야기가 불평불만으로만 들립니다. '라떼는 말이야! 더하면 더했지 덜하지 않았어.' 또는 '요새 야근하느라 수고하는 거 모르나! 저렇게 꼭 티를 내야 할까. 좀 묵묵하게 일해주면 더 고마울 텐데.' 팀장의 마음속에는 이런 말풍선이 둥둥 떠다니고 있을지 모릅니다.

하지만 보이지 않는 것도 들을 수 있는 팀장이라면 팀원의 힘든 감정뿐만 아니라 팀원이 바라는 것까지 읽을 수 있습니다. '팀장님, 책임감을 갖고 최선을 다해 일하는 저의 노력과 기여를 좀 더 알아주시면 좋겠어요', '이 일을 왜 해야 하는지 의미를 발견할 수 없어요', '제가 하고 있는 일이 우리 팀과 조직에 어떤 의미인지 알려 주세요' 등 보이지 않는 팀원의 속마음까지 읽을 수 있는 팀장이라면 앞선 라떼('나 때는 말이야'에서 나온 신조어) 팀장과는 전혀 다른 대화를 이어 가지 않을까요?

좋은 경청을 위한 물음
당신은 어디까지 들을 수 있나요?

어떻게 하면 경청을 잘할 수 있을까요? **첫째, 상대방의 말을 정확하게 들어야 합니다.** 잘 못 들었거나 이해가 되지 않는 부분이 있다면 '방금 이야기한 부분이 이게 맞는 걸까요?' 하고 확인하며 듣습니다. **둘째, 상대방의 표**

정, 목소리, 시선, 몸짓 등 비언어적인 표현도 잘 관찰하며 들어야 합니다. 만약 상대방이 억지로 올린 입 꼬리에 딱딱한 시선으로 '괜찮습니다'라고 이야기한다면 상대방은 정말 괜찮은 걸까요? 때로는 말의 내용보다 비언어적 표현이 더 많은 의미를 담고 있기도 합니다. 앞서 설명한 이 두 가지는 눈에 보이기 때문에 조금만 주의를 기울이고 노력하면 충분히 경청을 잘할 수 있습니다.

하지만 가장 중요한 것은 눈에 보이지 않는 상대방의 감정과 욕구를 함께 듣는 것입니다. '우리 딸, 엄마가 보고 싶구나. 그래서 많이 속상하겠네. 엄마도 엄청 보고 싶어'와 같이 상대방의 감정을 읽고 상대가 바라는 것을 알아주며, 이것을 대화에 반영해 주는 것이 진정한 경청입니다. 미국의 법학자 올리버 웬델 홈즈(Oliver Wendell Holmes)가 말하는 것은 지식의 영역이고, 듣는 것은 지혜의 영역이라고 한 것처럼 경청은 지식과 기술이 아닌 지혜를 필요로 합니다.

여러분의 경청은 어디쯤에 있나요?
여러분은 보이지 않는 것을 들을 수 있나요?

보이지 않는 것을 듣기 위해 알아 두면 좋은 것: 사티어의 빙산 이론

경험주의 가족 치료의 대가 버지니아 사티어(Virginia Satir)는 복잡한 인간을 통합적으로 이해하기 위해 인간을 빙산에 비유했습니다. 빙산은 보이는 부분과 보이지 않는 부분이 있고, 보이지 않는 부분이 훨씬 더 큰 비중을 차지하고 있습니다. 인간의 마음도 그렇다고 합니다. 이때 수면 위로 드러나는 부분은 행동, 표정, 태도 등으로 우리가 관찰할 수 있습니다. 반면 수면 위로 드러나지 않는 부분은 감정, 지각, 기대, 열망(욕구) 등으로 아래로 내려갈수록 알아차리기 쉽지 않습니다.

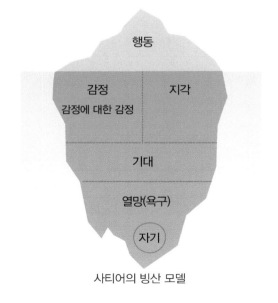

사티어의 빙산 모델

사티어의 빙산 이론에 따르면 우리가 하는 말과 행동의 이면에는 감정과 지각(인식)이 있고, 이 이면에는 기대와 열망(욕구)이 있습니다. 상대방과 대화할 때 보이는 말과 행동, 태도 이면의 감정, 기대, 열망(욕구)을 알아주는 것이 바로 보이지 않는 것을 듣는 내공 있는 깊은 경청입니다.

깊은 경청을 위한 연습 방법

이를 위해 다음의 연습 방법을 추천합니다. 어색하더라도 상대방의 이야기를 듣고 다음 문장을 활용해 되돌려주는 연습을 해 보면 경청하는 데 많은 도움이 됩니다.

- 당신은 _____ 느끼는군요. (예: 당신은 지금 속상하다고 느끼는군요.)
- 당신은 _____ 바라는군요. (예: 당신은 팀원들이 약속을 지키길 바라는군요.)
- 당신은 _____ 싶어 하는군요. (예: 당신은 전문가로 인정받고 싶어 하는군요.)

힘을 뺄수록 더해지는 대화

햇살이 좋은 어느 봄날, 회사 근처 브런치 카페에서 팀장님과 단둘이 점심을 먹게 되었습니다. 대학 선배이자 사회생활에서 만난 첫 팀장님은 아무것도 모르던 신입 시절 많은 의지가 되었습니다. 이런저런 이야기를 나누던 중 최근 고민을 꺼내 놓았습니다.

팀장님, 저 요즘 HRD 대학원 진학을 고민하고 있어요

여러분이 팀장이라면 어떻게 대화를 이어 갈까요?

어디 대학원이에요?
강의 시간은요?
학교 가는 날은 언제예요?
커리큘럼은요?
교수진은 어때요?
요즘 학비는 어느 정도예요?
집이나 회사에서 거리가 얼마나 돼요?

이처럼 업무와 학업을 병행해야 하는 현실에서 실질적으로 고려해야 하는 것들을 이야기하는 대화로 이루어질 가능성이 높습니다.

깊은 대화의 시작은
호기심 가득한 질문을 던지는 일

이런 질문의 공통점은 무엇일까요? 바로 정보성 질문입니다. 우리는 왜 이런 정보성 질문을 먼저 하게 될까요? 그것은 정보를 바탕으로 후배에게 도움이 되는 이야기를 해 주고 싶고, 고민을 함께 해결해 주고 싶은 선한 마음이 우리 누구에게나 있기 때문입니다.

> 이 대리, 내 생각에는 사회복지대학원으로 가는 게 더 나을 것 같아요. 선배들 중에 출강하는 분들도 꽤 있고, 나중에 학교로 가고 싶다는 마음이 들 수도 있지 않을까요?
> 맞다! 아는 후배 중에 석사를 다른 전공으로 했다가 박사 과정 들어갈 때 힘들었다는 이야기를 들은 적이 있어요.

당시 팀장님은 분명 나를 생각해서 한 조언이었지만, 퇴사를 하고 대학원 진학을 앞두고 있으니 그때의 장면이 다시 떠올랐습니다. 팀장과 팀원의 대화, 부모와 자식의 대화, 어른과 청년의 대화처럼 삶의 지혜나 조언을 구하는 대화에서 우리는 특히 힘이 들어갑니다. 경험자의 조언과 지혜도 필요하지만 잠시 힘을 빼고 그 자리에 사람을 향하는 질문을 살짝 넣어 보세요.

이 대리, 지금 하고 있는 교육 업무 어때요?

다른 업무에 비해 교육 업무가 좋은 이유는 뭐예요?

이 대리의 5년 후 커리어 비전은 뭐예요?

대학원 진학을 통해 무엇을 얻고 싶은 거예요?

조언하고, 알려 주고, 가르쳐 주는 힘이 들어간 대화보다 사람에 대한 호기심 가득한 질문이 우리의 대화를 더욱 풍성하게 채워줍니다.

나의 대화에서 힘을 뺀다면 그것은 구체적으로 무엇일까요?

힘을 뺀 그 자리에 당신은 무엇을 채워 넣고 싶은가요?

경청은 상대방을 위한 최고의 선물

상대방에게 마음의 공간 내어 주기

한번은 50대 여성분이 코칭을 받으러 왔습니다. 친하게 지내던 회사 선배와 사소한 갈등을 겪은 후, 몇 개월 전부터 회사에서 왕따 아닌 왕따를 당하고 있다고 했습니다. 은근히 자신을 빼고 점심 먹으러 가거나 티타임 갖는 것은 물론이고 복도에서 마주치면 곱지 않은 시선을 보낸다고 합니다. 이야기 도중 감정에 복받쳤는지 눈물을 보입니다.

> 저보다 어린 코치님 앞이라 부끄러운데…….
> 제가 이 나이에 이런 취급을 받아야 하는 걸까요?

잘못한 것도 없는데 갈등이 싫어 피하고만 다니는 자신의 모습에 화가 나기도 하고 "네가 참아. 그러는 거 한두 번이야? 괜히 회사 생활만 더 힘들어지지" 하며 위로 아닌 위로를 건네는 친한 동료의 태도에 서운한 감정도 든다고 합니다.

그동안 소모적인 갈등에 지쳐만 갔지 어디서 어떻게 다시 채워야 할지 모르겠다는 고객의 이야기 뒤편에 공감받길 바라는 마음이 보였습니다. 그래서 저는 '이번 코칭에서는 묵묵히 들어 줘야겠구나'라는 마음으로 귀담아 듣고 또 들어 주었습니다. 코칭의 세계에서 발견한 것은 진실한 경청에는 엄청난 힘이 있다는 것입니다. 코치는 그저 공감하며 담담하게 들어 주었을 뿐인데, 어느 순간 고객의 부정적인 에너지가 긍정적인 에너지로 변하는 변곡점이 생깁니다. 결국 '듣는다'는 것은 상대방의 말에 내 말을 더하는 것이 아니라, 상대방의 말속에 숨겨진 마음을 알아주고 받아 줄 넉넉한 공간을 만드는 것입니다.

눈이 반짝반짝 빛나는 아이
타고난 것일까요?

코칭을 배우고 난 후 습관처럼 하는 말이 있습니다. "코칭의 첫 수혜자는 제 자신이고, 두 번째 수혜자는 제 딸 아기 새예요." 웃긴 이야기, 속상한 이야기, 즐거웠던 이야기, 화난 이야기 등등 하루 종일 종알대는 모습이 마치 재잘거리는 아기 새를 닮아 딸에게 제가 지어준 별명입니다. 주변에서는 엄마가 시키지 않아도, 잔소리하거나 야단치지 않아도 하고 싶은 것이 많은 자기 주도적인 아기 새를 그저 신기하게 봅니다.

그 비결은 바로 경청에 있습니다. 그리고 적절한 타이밍에 아이에게 좋은 질문을 하고, 당장 눈에 보이는 결과가 없더라도 믿어 주고 기다려 주는 것입니다. 누구나 아는 너무 뻔한 답이라 실망했나요? 하지만 아는 것과 아는 것을 실천하는 것은 천지 차이입니다. 경청도 그렇습니다. 그럼 경청에는 어떤 힘과 비밀이 있는 걸까요?

첫째, 아이의 말을 귀담아들어 주고 마음을 알아주면 아이는 엄마와 대화하는 시간이 즐겁다고 느끼게 됩니다. 그래서 아이는 자신이 경험하고 느끼고 생각한 것을 엄마에게 신나게 이야기하게 되죠. 이 대화를 통해 엄마는 아이에 대해 많은 것을 자연스레 알게 됩니다. 오늘 학교에서 어떤 일이 있었는지, 친구들과의 관계가 어떤지, 요즘 아이가 힘들어하는 것은 무엇인지 말이죠. 그렇게 되면 엄마는 아이에게 필요한 도움을 적절한 타이밍에 줄 수 있게 됩니다.

둘째, 경청 속에서 자란 아이는 무엇보다 마음이 소란스럽지 않습니다. 마음속에 있는 부정적이고 불편한 감정은 시간이 아무리 지나도 사라지지 않습니다. 하지만 입 밖으로 끄집어낼 때 비로소 감정의 힘이 약해집니다. '엄마한테 이야기하길 잘했어', '엄마랑 이야기하고 나면 속이 시원해져', '나는 학교 상담 선생님한테 갈 필요가 없어. 엄마가 있으니까'라고 속상한 일이 있으면 속이 풀릴 때까지 속 시원히 엄마에게 털어낸 아이는 마음속에 감정의 불순물이 없습니다. 그리고 그 자리에 자신감이 쌓여 갑니다. 그렇게 쌓이고 쌓인 자신감은 해 보고 싶은 것도, 도전해 보고 싶은 것도 많은 적극적인 아이로 자라는 힘이 됩니다.

인간 중심 상담을 창시한 칼 로저스(Carl Rogers)는 누군가 나를 판단하지 않고 영향력을 행사하지 않으면서 나의 말에 진지하게 경청해 주면 스스로 앞으로 나아갈 수 있게 된다며 경청의 중요성을 강조한 바 있습니다.

여러분은 나의 이야기를 온전히 귀담아들어 주는 사람이 있나요?
아니면, 당신은 누구에게 그런 사람인가요?

최고의 리스너가 되는 방법

한번은 코치 자격증을 준비하던 한 수강생이 저를 찾아와 고민을 털어놓은 적이 있습니다. 코칭을 공부한 후로는 아이들의 이야기에 좀 더 귀를 기울이려고 노력 중이지만, 그 과정이 쉽지 않아 고민이라고 했습니다. 사실 배운 것을 잊지 않고 실천하는 것만으로도 매우 훌륭한 일입니다. 그런데 하루는 아이가 학원에 가기 싫다며 바닥을 뒹굴뒹굴 구르자 처음에는 "오늘 OO이가 학원에 가기 싫구나" 하며 아이의 마음을 알아주는 말로 대화를 시작했다고 합니다. 하지만 엄마가 자신의 마음을 알아줬다고 떼쓰기를 멈추는 아이는 없습니다. '역시 우리 엄마는 내 마음을 제일 잘 알아주는구나' 하며 오히려 자신의 마음을 알아주는 엄마에게 더욱더 떼를 부릴 수도 있습니다. 몇 번이나 아이의 마음을 알아줘도 효과가 없자 스멀스멀 화가 올라오기 시작했고 결국 아이를 야단치는 것으로 그날의 경청 훈련은 종료했다고 합니다.

이런 상황은 여느 조직에서도 마찬가지입니다. 요즘 MZ 세대와 일하는 팀장님들은 비교적 이전 세대 팀장님들보다 경청에 훨씬 더 많은 노력을 하고 있습니다. 그럼에도 비슷한 질문을 합니다. "코치님, 같은 이야기를 몇 번이나 들어 줘야 할까요?"

좋은 경청을 위한 물음
충분하다는 것은 누구의 관점일까요?

결론부터 이야기하자면 정답은 없습니다. 정답이 없는 상황이 불편하다면 이렇게 말할 수도 있습니다. 각각의 상황마다 정답이 다를 수 있다고. 그렇다면 다시 팀장님 질문으로 돌아가 보겠습니다.

> 팀장님: 코치님, 몇 번이나 같은 이야기를 들어 줘야 할까요?
> 코치: 좋은 말도 삼세번인데 얼마나 힘드실까요. 그럼 팀장님은 몇 번이 적당하다고 생각하세요?
> 팀장님: 한 세 번 정도요. 사실 그 정도도 참을 인자 새기며 듣고 있거든요.
> 코치: 그럼 팀원은 몇 번이 적당하다고 생각할까요?

우리의 대화가 어려워지는 이유는 나의 기준이 옳다는 생각을 무의식적으로 가지고 있기 때문입니다. 몇 번의 경청이 충분하고 적당한지는 당사자의 이야기를 직접 듣기 전까지 알 수 없습니다. 하지만 자신의 기준으로 충분히 경청했다는 생각이 들 때 우리 마음속에는 다음과 같은 말이 슬금슬금 올라오기 시작합니다.

너의 이야기를 충분히 이해했다고!

지금 몇 번째 했던 이야기를 계속 반복하고 있어!

그리고 이러한 마음가짐으로 상대를 대하는 순간 경청하려고 했던 좋은 의도는 화가 되어 상대방을 향하게 됩니다.

경청은 상대방의 속이 풀릴 때까지 듣는 것

고대 로마 사람들은 부부 싸움을 하면 찾아가는 곳이 있었다고 합니다. 그곳은 어디일까요? 바로 비리플라카 신전입니다. 비리플라카는 부부 싸움의 여신입니다. 이곳에 부부 싸움을 중재해 주거나 명쾌하게 해결책을 제시해 주는 심판관이 있는 것은 아닙니다. 그저 부부 싸움의 규칙을 정해주는 그라운드 룰(ground rule)이 하나 있을 뿐이었습니다.

그것은 바로 무조건 들어 줘야 한다는 것입니다. 한 사람이 자신의 이야기를 쏟아낼 때, 다른 한 명은 반드시 침묵하고 상대방 말이 끝날 때까지 듣고만 있어야 합니다. 그리고 한 사람의 말이 끝나고 나면 다른 한 명이 자신의 말을 시작합니다. 이런 식으로 부부가 서로 지칠 때까지 자신의 말을 번갈아 가며 쏟아냅니다. 여기서 포인트는 속이 풀릴 때까지 쏟아낸다는 것과 한 사람이 말할 때 상대방은 그저 묵묵히 들어 준다는 것입니다.

경청은 인내 비용이 필요합니다. 상대방이 비슷한 말을 세 번 했을 때 상대방의 이야기에 집중하지 못하고 화가 스멀스멀 올라온다면 나의 경청과 인내 그릇은 그만큼인 것입니다.

여러분의 경청 그릇, 인내 그릇의 크기는 어떤가요?

질문하는 사람 vs. 질문받는 사람

우리는 왜 질문하지 않는 걸까?

2010년 서울에서 G20 정상 회담이 열렸습니다. 오바마 대통령은 폐막식에서 개최국의 노고에 감사함을 표하며 특별히 한국 기자들에게만 질문할 기회를 주었습니다. 그런데 한국 기자들 중 한 명도 질문하는 사람이 없자 오바마 대통령은 "필요하다면 통역도 지원해 주겠다"며 정적이 흐르는 분위기를 특유의 유머로 바꾸어 보려고 했습니다. 결국 중국 CCTV 기자가 아시아를 대표해서 질문을 던져도 될지 물어보는 낯 뜨거운 장면이 연출되었습니다. 수업 시간에도, 회의 시간에도, 강연장에서도 질문 없는 이런 장면은 우리들에게 너무나 익숙합니다. 한국 사람들은 확실히 질문을 잘 하지 않습니다.

질문하지 않는 이유는 다양합니다. 부끄러워서, 이것도 모르는 사람이 되는 것이 두려워서, 잘난 척하는 것 같아서, 다른 사람의 시간을 뺏는 것 같아서 등 상황에 따라 사람에 따라 이유는 제각각입니다. 그런데 대화는 상대방과 함께 주거니 받거니 하는 것입니다. 그렇기 때문에 질문은 대화의 핵심 재료라 할 수 있습니다.

"대화가 끊겼을 때 어색해지는 걸 못 견디겠어요." 대화를 어려워하는 사람들이 가장 많이 하는 말입니다. 대화가 끊기지 않게 하는 가장 좋은 방법은 바로 질문하는 것입니다. 질문은 상대방을 대화에 참여시키고, 상대방과의 관계를 긍정적으로 만드는 훌륭한 도구입니다.

질문을 대하는 자세

사람들의 대화를 유심히 관찰하다 보면 질문을 대하는 사람들의 자세를 발견할 수 있습니다. 특히 한 분야의 전문가로, 조직의 리더로 오랫동안 있다 보면 질문하기보다는 질문에 답을 주는 사람이라는 생각이 무의식적으로 자리 잡고 있는 경우가 많습니다.

> 혹시 이해가 안 되면 언제든지 와서 물어보세요.
> 일을 하다 막히는 부분이 있으면 언제든지 다시 말해 주세요.

그런데 우리의 마음과 달리 팀원들은 찾아오지 않습니다. 무슨 일이 일어나고 있는지, 현재 일이 어떻게 진행되고 있는지, 일을 진행하는 과정에서 혹시 예상치 못한 어려움을 겪고 있는지, 배운 내용을 정확하게 이해하고 있는지, 혹시 추가적인 배움이 필요한지 알기 위해서는 질문받기를 기다릴 것이 아니라 먼저 질문해야 합니다. 질문은 리더의 언어입니다. 전문가일수록 리더일수록 어떤 질문이 좋은 질문인지, 질문을 제대로 하려면 어떻게 해야 하는지 배우고 몸으로 익혀야 하는 이유입니다.

당신은 질문받는 사람인가요 아니면 질문하는 사람인가요?

질문하는 사람이라면 주로 어떤 질문을 하나요?

다양한 관점을 얻을 수 있는 질문의 매력

최근 주말 오전 시간을 활용해 독서 모임을 하고 있습니다. 《전략을 보는 생각》이라는 책으로 매주 한 챕터씩 읽고 스스로 질문을 만듭니다. 그리고 모임에서 각자가 만든 질문과 함께 서로의 생각을 나눕니다. 질문 만들기가 진행될수록 재미있는 점을 하나 발견했습니다. 고객, 핵심 가치, 주요 성과 지표 등 매주 독서 모임의 주제는 바뀝니다. 그런데 각자가 가진 사고 패턴, 즉 질문 사고방식이 비슷합니다. 그리고 이러한 패턴은 각자가 몸담고 있거나 혹은 이전에 경험했던 조직에서 비롯되었다는 것을 알 수 있었습니다.

상자 속에 갇힌 나

사실 우리는 프레임을 통해 세상을 이해합니다. 매일매일 셀 수도 없는 정보들이 세상에 쏟아져 나옵니다. 이렇게 방대한 정보를 효율적으로 이해하기 위해서는 나름의 기준이 필요합니다. 이때 외부 세계를 인식하기 위한 기준이나 틀을 '관점' 또는 '프레임'이라고 부릅니다. 그런데 10년, 15년, 30년 이상 특정 회사나 특정 부서에서 일하다 보면 관점(프레임)이 딱딱하게 굳어지면서 회사 입장이나 부서 입장을 떠나 생각하기 어렵게 됩니다.

이것은 마치 눈먼 장님이 코끼리를 만지는 격입니다. 전체를 볼 수 없는 상황에서 사람들은 각자 만진 부분에 근거해 코끼리를 설명합니다. 코를 만진 사람은 '코끼리는 촉감이 말랑말랑하고 가느다란 긴 원통처럼 생긴 동물이네요'라고 합니다. 다리를 만진 사람은 '아닌데요. 코끼리는 나무처럼 단단하고 두꺼운 동물인데 무슨 소리하십니까?'라고 합니다. 모두가 자신이 직접 만져 보았다며 본인 생각이 옳다고 주장합니다. 우리가 실패하는 대화의 모습이 이렇지 않을까요? 자신의 관점이 확고할수록 우리는 대화에서 화가 나고, 저 사람은 아직 뭘 모른다며 상대방을 탓하게 됩니다.

그런데 다양한 관점을 갖게 되거나 자유자재로 관점을 바꿀 수 있게 된다면 어떨까요? 이것은 마치 퍼즐 놀이처럼 여러 사람들의 다양한 관점을 모을수록 우리는 부분보다는 전체를 볼 수 있고, 하나의 상황보다는 맥락을 이해할 수 있게 됩니다. 그러다 보니 이해의 폭이 넓어져 공감할 수 있는 부분도 늘어나게 됩니다. 이러한 이해와 공감은 유연하면서도 본질에 더 가까워지는 대화, 상대방과 이어지는 대화, 깊어지는 대화로 우리를 이끕니다. 우리는 어떻게 하면 갇힌 상자에서 벗어날 수 있을까요? 그것은 바로 질문을 활용하는 것입니다.

워킹맘 프레임 vs. 아이의 프레임

아이가 어린이집을 다닐 때입니다. 육아를 봐주시던 이모와의 약속 시간에 맞춰 발에 불이 나도록 달려 집에 도착했습니다. 이날따라 아이는 이모와 헤어지기 싫다며 칭얼거리더니 아예 거실 복도 바닥에 드러눕고 맙니다. 초보 엄마였던 저는 워킹맘 프레임으로 이 상황을 해석합니다. '바쁘고 정신없지만 그래도 나름 최선을 다하고 있는데 아이는 전혀 엄마의 마음을 몰라주고 이모만 찾고 있으니 아쉽고 서운하네' 하며 억울함이 올라옵니다. 가뜩이나 회사에서 좋지 않은 일로 몸과 마음이 피곤한 날이었는데 내가 무슨 부귀영화를 누리려고 이러나 싶기도 하고, 이리 뛰고 저리 뛰는 내 모습이 속상해서 아이와 함께 복도에서 목 놓아 울고 말았습니다.

그때 만약 워킹맘 프레임이 아닌 아이의 프레임으로 이 상황을 해석했다면 어땠을까요? 엄마보다 더 오랜 시간을 함께하고 자신을 사랑으로 보살펴 주는 이모와 헤어지기 싫어하는 아이의 속상한 마음이 먼저 보이지 않았을까요? 그리고 이모와 떨어지기 싫어 칭얼대는 건 그만큼 아이가 이모와 건강한 관계를 형성해 가고 있다는 것이 아니었을까요? 속상할 일이 아닌 감사한 일인데 마음이 힘들다 보니 어느새 저는 워킹맘 프레임에 갇혀 희생자 기분이 들었던 것입니다.

이것은 조직에도 그대로 적용할 수 있습니다. 일 잘하는 사람은 일과 일 사이의 빈 공간을 볼 줄 아는 사람입니다. 다시 말해 자신의 생각과 입장, 자신의 일 처리 방식만 고집하는 것이 아니라 팀과 부서 그리고 조직 입장에서 자신의 일을 보는 사람입니다.

- 지금 팀장님 입장에서 가장 중요한 목표가 무엇일까?
- 지금 A 대리라면 어떤 기분이 들까?
- 나는 우리 팀 관점에서 어떤 업무를 중요하게 다루어야 할까?
- 내가 B 팀원이라면 지금 어떤 도움을 필요로 할까?

이처럼 상자 밖에서 다양한 관점으로 질문과 사고를 할 수 있는 것은 일의 핵심이 무엇인지, 지금 무엇이 중요하고 덜 중요한지, 어떻게 일을 처리해야 하는지 명확하게 아는 사람입니다.

시간을 달리는 질문의 힘

일본 애니메이션 〈시간을 달리는 소녀〉 주인공 마코토는 우연히 시간을 되돌릴 수 있는 시간 여행 능력을 갖게 됩니다. 이 능력 덕분에 마코토는 지각도 안 하고, 잦은 실수도 줄어들고, 학교 성적도 쭉쭉 오르게 됩니다. 우리도 난처한 상황에 빠지거나 시간을 되돌리고 싶을 때 마코토처럼 시간 여행 능력을 갖고 있다면 얼마나 좋을까요? 그런데 잘 생각해 보면 우리 모두 시간 여행 능력을 갖고 있습니다. 마코토처럼 지나간 시간을 실제로 되돌릴 수는 없지만, 우리는 생각을 통해 현재를 넘어 과거와 미래를 넘나들 수 있기 때문입니다.

과거, 현재, 미래를 넘나드는 시간 여행 질문

K는 조직에서 지원해 주는 교육 과정에 선발되어 1년간 연수원에서 교육을 받게 되었습니다. 그의 말대로 일과 가정에서 벗어나 주중만큼은 온전히 자신에게 집중할 수 있는 1년이라는 시간을 선물 받게 된 것입니다. 코칭에서 그는 1년 동안 온전히 집중할 수 있는 목표와 구체적인 실행 계획을 세우고 싶다고 했습니다.

코치: 정말 1년이라는 시간을 선물 받으셨네요! 너무 부럽고 우선 축하드립니다. 코칭 전에 앞으로 1년 동안 무엇을 할지 이미 생각해 보셨을 것 같습니다. 어떠세요?

K: 우선 독서를 생각했습니다. 조직에서 추천해 준 인문학 도서가 100권이 넘는데 우선 그것부터 읽어 보면 어떨까 싶습니다.

인문학 서적도 좋지만 조직 생활을 해 본 사람들은 공감할 겁니다. 조직에 있으면서 자기 계발을 하기는 마음만큼 쉽지 않다는 것을요. 특히 위로 올라갈수록 신경 써야 할 것도, 챙겨야 할 것도 많다 보니 더더욱 어렵습니다. '어쩌면 한 번 올까 말까 하는 소중한 기회인데 인문학 책 읽기가 가장 중요한 목표일까? 더더욱 1년 동안 온전히 집중할 수 있을 정도로 지속 가능한 목표일까?' 하는 궁금증이 생겼습니다. 만약 여러분이 코치라면 이런 상황에서 어떤 질문을 할 것 같나요?

우리의 삶은 선택의 연속입니다. 우리는 현재 시점에서 고민을 하고 결정을 내립니다. 하지만 놓치지 말아야 할 것은 현재 내린 선택과 결정이 미래에 지속적으로 영향을 준다는 사실입니다. 미래의 시점에서 지금의 선택과 결정을 보는 것이 필요하기에 저는 가까운 미래로의 시간 여행을 제안했습니다.

코치: K님, 우리 가까운 미래로 한번 가 볼까요?

K: 네, 좋습니다.

코치: 오늘로부터 정확하게 1년 뒤인 2023년 1월 7일로 가겠습니다. K님, 지금 무엇을 하고 계시나요?

K: 가방을 챙겨 당당하게 연수원을 나서고 있습니다.

코치: 가방을 들고 당당하게 향하는 곳은 어디인가요?

K: …저희 조직은 인사발령이 나면 무조건 이동해야 하는 곳이라…….

코치: 그러시군요. 그럼 만약에 다음 근무지를 정할 수 있는 권한이 내게 있다면 어디로 가고 싶으세요?

K: 아! A 부서에서 꼭 한 번은 근무해 보고 싶다는 생각을 했었어요. 제가 해외 파견 근무를 한 적이 있는데, 그때의 경험을 살려 A 부서에서 해 보고 싶은 일들이 있었거든요.

코치: 그럼 그 가방에 무엇을 챙겨 넣으면 1년 후 당당하게 A 부서로 갈 수 있을까요?

K: 아… 영어였어요. 코치님! 제가 1년 동안 무엇에 집중해야 하는지 이제 선명해졌습니다.

앞서 인문학 서적 이야기를 할 때보다 목소리에 힘이 들어가고 말의 속도도 점점 빨라졌습니다. 코치가 물어보지도 않았는데 신이 나서 구체적인 실행 계획까지 일사천리로 세웁니다. 사람은 막연한 목표보다 구체적이고 생생한 목표일수록 행동으로 나아가게 됩니다.

과거는 배움이자 미래는 선물

선택의 갈림길에서 좋은 선택을 하고 현재에 몰입하기 위해 우리는 시간을 어떻게 활용하면 좋을까요?

우선, 과거는 배움의 기회로 삼아야 합니다. 잠들기 전 이불을 뒤집어쓰고 하이킥을 할 만큼 시간을 되돌리고 싶은 순간이 있나요? 실제 시간을 되돌릴 수는 없지만 과거를 다시 떠올려 봄으로써 우리는 똑같은 실수를 반복하지 않을 수 있습니다. 만약 속상하고 후회되는 일이 있다면 다음과 같은 질문을 해 봅시다.

- 그때 마음과 달리 잘 안 되었던 점은 무엇이었나요?
- 가장 후회되는 점은 무엇인가요?
- 그때의 상황으로 다시 돌아간다면 무엇을 달리 해 볼 수 있을까요?

이때 자신을 자책하거나 반성하는 데 너무 많은 에너지를 쓰지 않고 '다음에는 이렇게 해 봐야지' 정도면 충분합니다. 그것만으로도 우리는 매번 반복되는 함정에서 조금씩 벗어날 수 있습니다.

미래는 미래의 시점에서 현재의 선택을 봄으로써 지금 가장 중요한 것이 무엇인지, 나는 무엇에 집중해야 하는지, 내가 바라는 미래는 어떤 모습인지 명확하게 인식할 수 있게 합니다. 세계적으로 유명한 리더십 코치 마셜 골드스미스(Marshall Goldsmith)는 2007년 구글 강연에서 95세가 된 자신의 모습을 상상해 보라고 합니다. 그리고 95세로 세상을 마감하는 순간 현재의 자신에게 뭐라고 조언할지 묻습니다. 생을 마감하는 순간이든, 10년 후든 미래 시점에서 지금을 보는 것만으로도 삶의 초점은 훨씬 명확해집니다.

만약 당신에게 시간 여행 능력이 있다면 어느 순간으로 시간 여행을 가고 싶나요?

질문으로 사람 마음 움직이기

제가 팀장을 하면서 가장 힘들었던 건 팀원들이 제 뜻에 따라 주지 않았다는 거예요. 샌드위치처럼 밑에서 치이고 위에서 치이고, 트라우마까지는 아니지만 몇 번 이런 경험을 하고 나니 이런 부분에 상처가 되게 많아요.

리더의 숙명은 다른 사람을 통해 성과를 만드는 것입니다. 그래서 리더는 일과 사람 사이에서 끊임없이 크고 작은 고민을 하는 사람이라 할 수 있습니다. 사실 일은 어떻게든 하면 되는데, 대부분의 리더들은 사람에 걸려 힘들어하고 넘어집니다.

'아무래도 저는 리더와 맞지 않는 사람인 것 같아요', '제 리더십에 문제가 있는 걸까요?' 이렇게 자신의 리더십 부족을 이야기하지만, 근본적인 이유는 모든 사람들이 내 맘 같지 않기 때문입니다. 리더가 이쪽 방향을 가리키며 함께 뛰어 보자고 하면 '왜 뛰어야 하나요?'에서부터 '그 방향이 맞나요?', '지금 달려야 하는 상황인가요? 걸으면 안 되나요?', '왜 우리만 뛰나요? 저기 쉬는 사람들은 대체 뭔가요?'까지. 우리 모두는 생각도, 배경도, 입장도, 사정도, 바라는 것도 다 다릅니다. 그래서 리더의 자리는 더더욱 힘든 것이죠.

질문은 리더의 언어이자 무기

리더의 숙명은 마치 시지프스의 바위와 같습니다. 하지만 숙명 같은 리더 역할에 힘이 되어 줄 무기가 있다면 그것은 바로 질문입니다. 예전에 팀장 자리에 있었을 때 팀원들에게 이런 질문을 한 적이 있습니다. "우리 팀의 정체성은 무엇이고 그것의 한계는 무엇일까요?", "담당하고 있는 교육 대상자들은 지금 어떤 조직 경험을 하고 있을까요?", "이전과는 뭐가 달라졌을까요?", "이들은 현재 무엇을 기대할까요? 그리고 조직은 이들에게 무엇을 기대할까요?" 처음에는 '이런 질문을 왜 하지?' 하는 표정이었습니다. 그들이 평소 리더들에게 받은 질문은 대개 '교육은 언제 할 예정인가요?', '강의 주제는 무엇인가요?', '강사 섭외는 어떻게 진행되고 있나요?', '계획서 초안은 언제쯤 볼 수 있을까요?' 정도였으니 당황하는 것도 이상한 것만은 아닙니다.

그런데 재미난 것은 팀원의 성향과 일하는 방식에 따라 속도 차이는 있지만, 시간이 갈수록 제 질문에 통찰력 있는 답변을 내놓기 시작했습니다. 신선한 아이디어를 제시하기도 하고, 서로의 경험과 의견을 주거니 받거니 하며 일과 관련된 양질의 대화가 가능해졌습니다. 그렇게 질문을 시작한 지 1년쯤 되자 팀원들과 손발이 척척 맞는다는 느낌이 들었고, 팀원들은 자신에게 맞는 일의 권한을 제대로 가져가기 시작했습니다.

리더의 질문은 너무 중요합니다. 중요하고 건강한 질문은 조직 구성원들의 생각 주머니를 자극하고 그들의 사고 폭과 깊이를 확장시킵니다. 그리고 이런 경험은 내가 이 일을 왜 하는지, 내가 하는 일이 우리 팀과 우리 조직에 어떻게 연결되고 기여하는지 굳이 말하지 않아도 스스로 찾을 수 있게 합니다.

질문이 빛나려면 가랑비에 옷 젖듯 질문하기

그런데 질문할 때 주의할 점이 하나 있습니다. 마음이 조급해져 가르치려 하거나 혹은 대답 수준이 자신의 기대에 미치지 못했을 때 실망하지 않아야 합니다. 누구나 변화는 쉽지 않습니다. 오죽하면 작심삼일이란 고사성어가 있을까요?

아무리 옳은 이야기라도 상대방의 이해와 공감을 얻지 못한 말은 잔소리 혹은 또 다른 강요일 뿐입니다. 이미 이러한 방법이 효과가 없고 지속적이지 않다는 것을 알면서도 반복하는 이유는 이것이 가장 쉽고, 빠르고, 편한 방법이기 때문입니다. 하지만 쉽고 편리한 만큼 효과도 없습니다. "가랑비에 옷 젖는지 모른다", "낙숫물이 댓돌을 뚫는다"와 같은 속담처럼 마음의 여유를 가지고 질문해야 내 질문이 더욱더 빛이 납니다.

당신은 요즘 어떤 질문을 합니까?
평소와 다른 질문을 준비한다면 그것은 무엇입니까?

질문을 디자인하는 방법

무턱대고 믿지 말아야 할 팀원의 말이 있다면 무엇일까요? 그것은 바로 '네! 팀장님. 잘 알겠습니다'가 아닐까요? 업무 지시를 하면 충분히 내용을 이해하는 듯 보이지만, 막상 보고를 받아 보면 아닌 경우가 있습니다. 어떤 팀원은 지시 내용 중 일부를 빠뜨리고, 어떤 팀원은 핵심을 놓친 알맹이 없는 보고서를 가져오고, 또 어떤 팀원은 정말 지시한 내용만 가지고 옵니다.

팀장님의 마음속에는 여러 생각이 떠다닙니다. '내가 이런 식으로 일을 하라고 했나?', '경력이 몇 년인데 대충 알려 줘도 눈치껏 알아서 해야 하는 거 아니야?', '한 번 알려 줬으면 이제는 스스로 고민해서 가져와야지. 우리 때는 안 그랬는데 요즘 애들은 열정이 없어!' 하지만 못마땅해 하는 시선을 견디며 야단맞는 팀원도 괴롭긴 마찬가지입니다. '아니, 그러면 제대로 알려 주시지 왜 완벽하게 하지 않았다고 되레 화를 내시지?', '아, 그냥 빨리 퇴근하고 싶다!' 이들 사이에 통역이 필요한 걸까요?

우리는 같은 출발선상에 서 있나요?

이처럼 일상이나 회사에서 소통했다고 생각했는데 알고 보니 오해였던 경우가 종종 있습니다. 왜 그런 걸까요? 대화를 할 때 우리는 상대방이 이 정도는 알고 있을 거라고, 다른 사람도 나처럼 생각할 것이라고 지레 짐작합니다. 특히 아내와 남편, 부모와 자식, 팀장과 팀원처럼 가까운 사이이거나 특정 맥락을 공유한 경우에는 더욱 그렇습니다. 그러다 보니 의도하지 않았지만 의외로 많은 부분이 생략된 채 대화가 이루어집니다. 하지만 제대로 된 대화를 하려면 상대방과 같은 대화 출발선상에 서 있는지 확인해야 합니다.

코칭에서 한 리더가 자신은 팀원들이 편안하게 생각하는 팀장이 되고 싶다고 합니다. 편안한 팀장이란 이야기를 들었을 때 여러분은 어떤 팀장이 머릿속에 그려지나요? 아마 이 글을 읽는 100명의 사람이 있다면 100명의 편안한 팀장 모습이 있을 것입니다. 어떤 사람은 팀원의 경험과 의견을 존중해 주는 팀장을 생각할 수도 있고, 또 어떤 사람은 실수를 하더라도 야단치지 않고 너그럽게 봐주면서 팀원을 챙기는 팀장을 생각할 수도 있습니다. 우리가 알고 있다고 생각하는 공통적인 개념 아래에는 각자의 배경, 경험, 지식, 상황 등에 의해 형성된 개인의 정의가 존재합니다. 함께 이야기하고 있는 것 같지만 실제로는 다른 개념 위에서 각자의 이야기를 하고 있는 것입니다.

대화를 시작하기 전 대화 주제가 되는 핵심 단어의 구체적인 의미를 공유해야 합니다. 앞선 상황에서 코치는 '팀장님, 팀장님이 생각하는 편안한 팀장님은 구체적으로 어떤 모습인가요?' 하며 질문을 활용합니다. 열심히 공부하지 않는다고 화가 나서 야단치는 엄마와 열심히 공부했는데 억울하다는 자녀의 대화를 들어 보면 엄마가 생각하는 '열심히 공부하는 것'과 아이가 생각하는 '열심히 공부하는 것'의 그림이 다릅니다. 또, 사랑하는 연인들의 사랑싸움을 보면 서로가 생각하는 '사랑'의 그림이 다르기에 서로의 대화는 어긋나고 멀어집니다. 대화를 나누기 전 공통의 이해를 나누어야 같은 출발선상에서 의미 있는 대화를 나눌 수 있습니다.

우리는 같은 곳을 바라보고 있나요?

동일한 출발선에 섰다면 다음으로 확인해야 할 것이 있습니다. 그것은 바로 끝 그림입니다. 오랜 시간 동안 많은 사람들로부터 사랑받아 온《성공하는 사람들의 7가지 습관》에서 스티브 코비(Stephen Covey)는 두 번째 습관으로 "끝을 생각하며 시작하라(begin with the end in mind)"고 했습니다. 리더는 상대방을 통해 어떤 결과나 성과를 이끌어 냅니다. 그저 열심히 해보자고 파이팅만 외쳐서는 안 됩니다. 매일 하고 있는 일의 최종 그림이 무엇인지 함께 대화를 나누어야 합니다. 그래야 동기 부여는 물론, 일을 진행하면서 길을 잃지 않고 앞으로 나아갈 수 있습니다.

조직 문화 관련 업무를 할 때입니다. 기획 단계에서 팀원들에게 '교육을 마쳤을 때 직원(학습자)들이 무엇을 가지고 교육장을 나서면 좋을까요?'

를 여러 각도에서 질문했습니다. 자유로운 이야기가 오고 가며 우리가 발견한 끝 그림은 '기대 역할'이었습니다. 자신의 관점에서 일과 조직 생활을 하는 것이 아니라 상대방의 관점에서 기대하는 역할, 모습, 행동을 아는 것이 시작이지 않겠냐는 것이었습니다. 조직의 구성원들은 조직 안에서 다양한 역할을 수행합니다. 팀장은 팀원을 이끄는 '리더'이기도 하지만 부서장을 상사로 둔 '팔로워'이기도 합니다. 조직 안에서 동일한 팀장 직책을 수행하더라도 팀과 업무 상황, 함께하는 구성원들에 따라 기대 역할은 천차만별입니다. 그러니 기대 역할이라는 키워드로 신입 사원, 대리, 과장, 부서장은 나에게 무엇을 기대하는지 관점을 확장시켜 보자는 것이었습니다.

출발선과 끝 그림을 맞추면
대화는 협업과 창의력으로 넘쳐 난다

보통 대화는 질적인 부분보다 양적인 부분에 국한됩니다. 일주일에 신규 사업은 몇 건 발굴할 것인지, 보고서는 몇 건 쓸 것인지, 팀원 면담은 몇 번 할 것인지 등의 대화가 익숙하지 않나요? 그렇다면 질적인 대화는 무엇이 다를까요? 앞서 나눴던 이야기를 이어서 살펴보겠습니다. '기대 역할'이라는 끝 그림이 명확해지자 이 끝 그림에 도달하기 위한 방법이 다양하게 도출되었습니다. 팀원들의 의견을 생생하게 담기 위해 사내 설문 조사를 해 보자, MZ 세대의 참여를 독려하기 위해 짤을 만들어 보자 등

단순히 과제 수행 횟수와 여부가 아닌 좀 더 본질적인 문제로 파고들게 되었습니다. 이렇듯 목표를 향한 그림이 똑같아야 대화가 실질적이고 풍성해질 수 있습니다.

여러분이 하는 대화의 시작과 끝 그림은 어떻습니까?
그리고 대화의 과정은 어떻습니까?

3장

코칭의 세계에서 발견한 것

코치의 마인드 셋

《엄마인 당신에게 코치가 필요한 순간》의 저자인 권세연 코치는 코칭을 알기 전과 후로 삶이 확연하게 나누어졌다고 합니다. 대체 코칭에는 어떤 힘이 있는 걸까요?

삶(관점)을 선택할 수 있다는 것

우리의 삶은 크고 작은 선택의 연속입니다. 반복적이고 무의식적인 선택도 있지만, 며칠을 고민하게 하는 선택도 있습니다. 15년 조직 생활을 마무리하고 코칭을 배울 때입니다. 저는 인생 전반전을 마무리하고 코칭이라는 새로운 세계의 출발점에 서 있다고 생각했습니다. 이때 멘토 코칭을 통해 이 두 길이 사실은 끊어진 서로 다른 길이 아니라, 한 조직의 인적 자원 개발 담당자에서 코치로 삶을 이어 가고 있다는 관점 전환을 하게 되었습니다. 1년 차 신입에서 16년 차 전문 직업인으로 자신감을 갖게 되는 순간이었습니다.

하루는 코칭을 마치고 20대 때 코칭을 배웠더라면 얼마나 좋았을까? 하는 생각이 스쳤습니다. 코칭 대화법을 배우면 자신의 삶을 더 행복하고 풍성하게 가꾸어 갈 수 있다는 것을 경험했기 때문입니다. 이런 마음이 들자 그동안의 다양한 코칭 경험을 바탕으로 기본 교육 과정을 개발해 더 많은 사람들이 코칭 대화법을 경험해 보면 좋겠다는 마음이 들었습니다.

이때 '그래, 한번 해 보자'로 가득 찬 도전적인 마음만 있었을까요? 아닙니다. '굳이 내가 왜?', '내가 잘할 수 있을까?', '무엇보다 과연 한국코치협회에서 내가 개발한 교육 과정을 승인해 줄까?' 하는 여러 의심이 더 많이 들었습니다. 이때 가장 효과적이었던 질문은 바로 'What if' 질문이었습니다. '만약 내가 예전처럼 한 조직의 인재 개발 팀장이라면 어떨 것 같아?' 그때 제 대답은 무조건 '예스!'였습니다. 즐겁게 과정을 개발하고 교육하고 있는 제 모습도 함께 그려졌습니다.

어쩔 수 없는 선택, 최선이 아닌 차선의 선택, 자기만족이 아닌 자기 위안의 선택은 최고의 선택이 아닙니다. 최고의 선택은 보다 다양한 가능성의 질문을 통해 스스로 무엇을 원하는지 명확하게 아는 것입니다. 그리고 탐색을 통한 주도적 선택은 자신에게 나아갈 힘과 에너지 그리고 자신감을 가져다줍니다. 전 세계 비즈니스 리더들이 뽑은 미국의 디자인 혁신 기업인 IDEO 창립자 데이비드 켈리(David Kelley)는 사람들이 자신감을 갖게 되면 자신의 삶에서 진정으로 중요한 일에 몰두하기 시작한다고 합니다.

나의 삶(관점)을 스스로 선택할 수 있다는 것, 자신의 삶에서 중요한 부분과 덜 중요한 부분을 명확하게 인식할 수 있다는 것 그래서 자신의 삶에 집중하고 몰입하는 것. 이것이 바로 코칭의 파워이자 매력 아닐까요?

이번 장에서는 코칭의 세계에서 발견한 삶의 마인드와 태도에 대해 이야기해 보겠습니다.

질문하면서 살고 있나요?

코치는 질문하는 사람입니다. 질문의 목적은 크게 3가지입니다. 첫 번째는 고객의 이야기를 듣고 호기심이 발동한 질문입니다. '고객님이 생각하는 좋은 엄마는 어떤 엄마인가요?', '올해 했던 일들 중에서 가장 나다운 일은 무엇이었나요?', '어떤 의미에서 나다웠나요?' 두 번째는 코치는 알고 있지만 고객 스스로 알아차리게 하기 위한 질문입니다. 이런 질문은 고객의 이야기와 이야기 사이에 있는 모순을 직면하게 하거나 관점 전환의 계기가됩니다. '팀장님, 함께 논의할 수 있는 팀원과 일하고 싶으신 거네요. 코칭 초반에 성장을 돕는 팀장님이 되고 싶다고 한 것과는 어떻게 연결이 될까요?', '육아 휴직 복귀 전에 남은 정리(집안일)를 이야기하려 했는데 질문에 답하다 보니 복닥거리는 제 마음 정리가 더 필요한 것 같네요!' 세 번째는 코치와 고객이 함께 답을 찾아보기 위한 질문입니다. '지금 우리에게 필요한 질문은 무엇이라 생각하십니까?'

제대로 된 질문 찾는 것이 무엇보다 중요하다

세 번째 질문에 '아니, 코치님. 질문은 코치의 역할인데 고객에게 어떤 질문이 필요한지 물어봐도 되나요?' 하고 의문이 생기는 분이 있을지도 모르겠습니다. 질문을 위한 질문을 위해 영양가 없는 '가짜' 질문을 하는 것보다 코치의 취약성을 드러내더라도 제대로 된 '진짜' 질문을 찾는 것이 중요합니다. 과학적으로 우리의 뇌(해마)는 질문을 받으면 그것이 중요하다고 인식해 자연스럽게 문제 해결을 위한 정보에 주의를 기울인다고 합니다. 그러니 문제를 해결하기 위한 가장 파워풀한 방법은 제대로 된 질문을 찾는 것이 아닐까요? 이에 대해 아인슈타인은 나에게 세상을 구할 수 있는 단 1시간이 주어진다면 55분은 질문을 찾는 데 사용하고, 나머지 5분은 답을 찾는 데 사용할 것이라며 제대로 된 질문의 중요성을 강조하기도 했습니다.

우리가 즉각적인 해답을 찾지 못하더라도 좋은 질문은 끊임없이 생각하게 하는 힘이 있습니다. 미국의 방송인 오프라 윈프리는 한 영화 평론가로부터 질문을 받습니다. "당신이 확실하게 아는 것이 있다면 그것은 무엇입니까?" 그녀는 순간 말문이 막혀 제대로 된 대답을 내놓지 못합니다. 그리고 그녀는 이 질문에 대한 답을 찾기 위해 14년간 한 달에 한 편씩 칼럼을 쓰기 시작합니다. 만약 그때 영화 평론가의 질문이 없었다면 우리는 그녀의 깊은 통찰력이 담긴 책《내가 확실히 아는 것들》을 만나지 못했을지도 모릅니다. 훗날 그녀는 당시에는 그 질문에 대한 답을 할 수 없다는 사실을 인정하기 싫었지만, 그 질문은 그녀의 인생에서 가장 중요한 질문이었다고 했습니다.

우리에게 정말 필요한 건 호흡이 긴 질문

우리는 무의식적으로 매일 많은 질문을 하며 살아갑니다. 아주 가볍게는 '오늘 점심 뭐 먹지?'에서부터 '내일 있을 미팅을 위해 무엇을 준비해야 할까?'까지 마음속으로 여러 가지 질문을 합니다. 바쁜 세상살이에 즉각적인 대답을 원하는 질문이 대부분이지만, 오프라 윈프리처럼 여러 각도로 생각하고 탐색하게 하는 호흡이 긴 질문도 필요합니다.

요즘 여러분은 어떤 질문을 하며 살고 있나요? 지금 나에게 중요한 질문은 무엇일까요? 막상 떠오르지 않는다면 아래의 예시를 참고해 보세요. 질문을 하는 것만으로도 자연스레 대답하고 싶어질 테니까요!

- 당신이 생각하는 행복하고 충만한 삶은 어떤 것입니까?
- 당신의 삶에 무엇을 더하고 싶습니까?
- 당신은 어떤 사람입니까?
- 당신의 강점은 무엇입니까?
- 변화와 성장을 방해하는 내면의 적은 누구입니까?
- 당신은 어떤 모습으로 노년을 맞이하고 싶습니까?

말의 힘을 믿나요?

코칭 대화 말미에 코치가 빠뜨리지 않고 하는 질문이 있습니다. 그것은 바로 '그럼 지금 어떤 시도를 하겠습니까?', '또 다른 것은요?', '그중 무엇을 먼저 시도해 보겠습니까?'입니다. 변화의 첫걸음은 코칭 대화 자체가 아니라, 코칭 대화에서 발견하고 다짐한 것을 내 삶에 적용하면서부터 시작되기 때문입니다.

성장과 변화의 적은 내부에 있다

너무 늦은 건 아닐까?

다른 사람들이 나를 미워하면 어쩌지?

실패하면 바보처럼 보이지 않을까?

지금도 바쁜데 그럴 여유가 어디 있어?

괜한 시간 낭비가 아닐까?

내가 그것을 할 수 있는 능력이 과연 있을까?

이처럼 고객들은 스스로 현실성이 있는지를 따져 보고 현실 가능한 이야기를 하는 경우가 많습니다. 고객의 내면에 방해꾼이 등장하면 코치는 질문을 바꿔 물어봅니다. '만약에 모든 것이 가능하다면, 실패하지 않는다면 무엇을 시도해 보겠습니까?' 현실성이 있는지 없는지 따지지 않고, 스스로를 제한하지 않는 질문은 우리의 삶에 상상력을 더하고 가능성을 확장시킵니다. 당장 해야 할 과제도 아니고 모든 것이 성공한다니 이처럼 즐거운 대화가 또 어디 있을까요?

한번은 영어 공부를 다시 시작해야 할지 말아야 할지 고민하는 분을 만난 적이 있습니다. 영어를 손 놓은 지 20년이 훌쩍 넘었고, 늦은 나이에 다시 시작하는 건 시간과 돈 낭비이지 않겠냐는 것이었습니다. 만약에 영어를 잘하게 되면 무엇을 가장 해 보고 싶은지, 어떤 설레는 일이 일어날 것 같은지 질문했습니다. 그러자 최근 일과 관련해 평소 만나고 싶었던 분과 영어 메일을 주고받은 적이 있다고 합니다. 영어를 잘하게 되면 그분을 직접 만나 대화를 나누고 싶다며 목소리에 설렘이 느껴졌습니다. 이제는 영어 공부를 할지 말지가 아니라 한 걸음 나아가 어떻게 하면 영어를 잘할지가 그녀의 관심사가 되었습니다.

말의 힘은 자기 긍정에서 나온다

여러분은 얼마나 자주 나에게 또는 상대방에게 긍정의 말을 해 주나요? 여러분은 말의 힘을 믿나요? '말'은 때로 누군가에게 상처를 주고 희망을 잃게 하지만 반대로 누군가에게 희망을 주고 운명을 바꾸게 할 수도 있습니다. 다이어트 대표 기업 쥬비스의 조성경 회장은 초기 자본금 5,000만 원을 들여 시장통의 허름한 상가 건물에서 사업을 시작했습니다. 조 회장은 매일 아침 쓰레기봉투를 가지고 나와 건물 입구에 있는 쓰레기를 치우며 '복 들어와라, 좋은 운 들어와라, 좋은 기운 들어와라' 되뇌었다고 합니다. 그리고 그때는 몰랐지만 지금의 2,500억 자산 규모를 가진 회사가 될 수 있었던 데는 복을 부르는 말의 힘 덕분이라고 했습니다.

영화 〈해리 포터〉에서는 아브라카다브라, 이기스팩토 패트로놈, 윙가르디움 레비오우사, 루모스, 녹스, 루모스 막시마 등 정말 많은 마법 주문이 나옵니다. 많은 영화와 책에서 대부분의 마법 주문은 왜 말로 이루어져 있을까요? 말이 씨가 된다는 우리의 속담처럼 말에는 보이지 않는 힘이 있기 때문이 아닐까요?

나를 위한 긍정의 주문을 만들어 본다면 그것은 무엇일까요?

감정의 재발견, 감정의 주인이 되는 법

코치님, 어차피 조직 생활이라는 게 다 거기서 거기 아닌가요? 앞서 거니 뒤서거니 하지만 결국 다 같은 자리에서 만나지 않나요? 사회생활하면서 이렇게 서운한 감정을 드러내는 것은 아마추어 아닌가요?

최 팀장은 승진에서 몇 번 누락된 팀원의 속상한 마음은 알겠지만, 함께 일하는 분위기를 만들어야 하는 팀장의 입장에서 팀원을 어떻게 다독여 줘야 할지 고민이라고 했습니다.

감정을 느끼는 것 vs. 감정을 다루는 것

여러분은 감정에 대해 어떻게 생각하나요? 특히 조직 안에서 부정적인 감정을 드러내는 사람을 보면 어떤 생각이 드나요? 우리는 매일 다양한 감정을 마주합니다. 좋은 감정도 느끼고, 나쁜 감정도 느낍니다. 그 과정에서 화가 나기도 하고, 속 시원하기도 하고, 감동받기도 하고, 안타깝기도 하고, 서운하기도 하고, 울고 싶기도 합니다. 이런 다양한 감정들을 느끼는 것은 지극히 당연하고 정상적인 일입니다. 하지만 최 팀장처럼 많은 사람들은 감정 드러내는 일을 부정적으로 인식합니다. 특히 부정적인 감정을 드러내면 서로 마음도 상하고 관계도 틀어지니 억누르고 통제해야 한다고 생각합니다.

하지만 감정의 힘은 무척 셉니다. 욕조에 바람을 가득 넣은 풍선 하나가 물 위에 떠 있다고 가정해 볼까요? 풍선을 힘껏 아래로 누르면 어떻게 될까요? 풍선을 누르면 누를수록 오히려 반대 방향으로 더 강한 힘이 작용하며 튀어 오르려고 하겠죠. 우리의 감정도 풍선과 같습니다. 감정을 무시하고 억누르고 통제하면 작아지거나 사라지는 것이 아니라 차곡차곡 쌓였다가 결국 빵! 터지고 맙니다. 풍선과 공기를 탓할 수 없듯, 감정을 느끼고 표현하는 나는 아무 잘못이 없습니다. 빵빵해진 풍선 입구를 열어 적절히 공기를 빼 주면 풍선이 터지지 않는 것처럼 **감정은 통제의 대상이 아닌 조절의 대상입니다.** 그래서 우리는 어떻게 감정을 현명하게 표현하고 다루어야 하는지 한 번쯤 생각해 볼 필요가 있습니다.

감정의 주인이 되는 방법

어떻게 하면 우리는 좀 더 건강하게 감정을 표현하고 다룰 수 있을까요? 예를 들어 시어머니와 갈등을 겪고 있는 아내가 있다고 가정해 봅시다. 아내는 고부 갈등에서 오는 힘든 감정을 남편에게 이야기하는데, 남편의 반응은 불편하고 부담스러워 보입니다. 왜 그럴까요? 남편은 아내의 감정에 공감하기보다 아내와 시어머니 사이의 문제를 해결해 줘야 한다는 생각이 먼저 들기 때문입니다. 하지만 정말 아내가 바라는 것이 문제 해결이었을까요? 여러분이 아내라면 무엇을 기대할까요? 아내는 자신의 이야기를 충분히 들어 주고 공감받기를 원했을 겁니다.

우리의 감정은 충분히 표현하고, 존중받고 싶어 합니다. 게슈탈트 심리학(Gestalt psychologie)에서 사람은 자극을 받으면 자연스레 다양한 감정이 생기는데, 이것을 충분히 느끼고 표현해 주면 사라지지만 표현하지 못한 감정은 미해결 과제로 남아 우리에게 지속적인 영향을 미친다고 합니다.

내가 느끼는 다양한 희로애락을 기쁘면 기쁘다고 공허하면 공허하다고 표현할 수 있고, 그것을 해석하거나 판단하지 않고 있는 그대로 받아 주는 사람이 가까이 있다면 정말 더 없는 축복입니다. 하지만 누군가 알아주지 않더라도 마음의 주인으로서 자신의 마음이 어떠한지 계속 물어주고 끊임없이 알아줘야 합니다. '지금 기분이 어때? 오늘 어떤 기분이 들었어?'라고 오늘 하루 어떤 감정을 느꼈는지 스스로에게 물어봅시다. 그리고 다양한 감정들 중에 불편하고 애써 외면하고 싶은 감정은 무엇이었는지, 이 감정은 어디에서 왔는지, 만약에 이 감정에 별명을 지어준다면 무엇이라고 부르고 싶은지, 이 감정은 나에게 무슨 말이 하고 싶은지, 반대로 나는 무슨 이야기를 해 주고 싶은지 등등 내 감정이 하고 싶은 이야기를 충분히 들어 주고 알아주면 됩니다.

감정을 알아봐 주는 것만으로도 불편한 감정은 건강하게 해소되고, 그 감정을 어떻게 다룰지 내가 선택할 수 있게 됩니다. '저 사람한테 내 감정을 전달할까?', '어떻게 전달하는 것이 서로에게 좋을까?', '아니면 좀 더 지켜보고 좋은 기회에 다시 이야기해 볼까?' 하며 여유를 가지고 감정을 다룰 수 있게 됩니다.

이렇게 나의 감정을 건강하게 만나는 것이 나를 진정 사랑하는 것이 아닐까요? 그리고 나의 감정을 알아주고 존중해 줄 때 우리는 타인과도 건강하게 만날 수 있습니다.

지금 나의 기분은 어떤가요?
지난 일주일간 자주 느꼈던 기분은 무엇인가요?

칭찬을 뛰어넘는 인정의 힘

유독 칭찬을 불편해하거나 칭찬에 인색한 분들이 있습니다. 좀 더 이야기를 나눠 보면 칭찬의 의미를 '옳다' 또는 '동의한다'와 동일하게 이해하고 있는 경우가 많습니다.

> 코치: 팀장님, 가장 걱정되는 것은 무엇인가요?
>
> 박 팀장: 제 성격상 상대방을 칭찬하는 게 어색한 것도 있지만요, 평소 그 팀원이 일을 잘한다고 생각하지 않거든요. 그런데 칭찬을 하게 되면 잘못된 메시지가 전달될 수도 있는 거잖아요.

칭찬을 먹고 자란 MZ 세대

먼저 고백하자면 저는 X 세대입니다. 라떼의 시선으로 보면 요즘 아이들은 칭찬이 너무 익숙한 세대입니다. 라떼에는 초등학교 6년을 하루도 빠짐없이 등교해야 받을 수 있는 상이 개근상이었습니다. 우등상은 성적이 우수한 학생들 중에서도 소위 자타공인 모범생들만이 받는 상이었습니다. 하지만 요즘 개근상은 매년 받을 수 있는 상들 중에 하나입니다. 또, 요즘 아이들은 바른말고운말상, 웃음상, 독서상, 우정상, 용기상 등 다양성을 존중해 주는 많은 상을 받으며 격려받는 분위기 속에서 자랍니다.

부모와의 관계는 어떨까요? 일단 자녀 수가 적다 보니 아이에게 관심이 높습니다. 아이 자존심이 상할까 봐 학원도 아이 기를 살려 주는 곳으로 찾아 보냅니다. 게다가 학교 과제나 시험을 준비하는 데 부모님이나 다른 어른에게 도움(멘토링과 코칭)을 받는 것도 익숙합니다. 그러다 보니 지시와 명령의 일방적 언어보다 공감과 협력의 소통적 대화를 일상에서 경험하며 자란 세대입니다. 여기에 지지와 칭찬은 덤입니다.

기성세대와는 다른 환경에서 자란 MZ 세대들은 어떤 팀장님과 함께 일하고 싶을까요? 어느 조사에 따르면 MZ 세대들이 조직에 기대하는 것은 성장이며, 선배에게 기대하는 것은 애정 어린 관심이라 합니다. 그리고 기업의 네임 밸류, 연봉, 직급(직책)이라는 객관적인 성공 지표보다는 이 일이 나에게 의미 있는 일인지, 나의 관심사와 적성에 맞는 일인지, 직무에서 나의 역할은 무엇이고 이것이 나의 성장에 어떤 도움을 줄 것인지 등 주관적인 성공 지표가 더 중요하다고 합니다. 이렇게 자신에게 솔직 당당한 MZ 세대를 보면 부럽기도 하고 소싯적 "회사가 학교냐고! 배워서 와야지. 뭘 여기서 배우겠다는 거야!" 하던 부장님도 떠오릅니다.

이것은 옳고 그름의 문제가 아닙니다. 우리가 사는 세상이 바뀌었고, 함께 일하는 사람이 달라진 것입니다. 그러니 변화된 세상에 맞게 라떼 팀장님과 라떼 부모님의 리더십도 달라져야 하지 않을까요? 지금까지 고수했던 리더십을 내려놓고 새로운 것을 받아들여야 할 때입니다.

칭찬보다는 인정부터

그렇다고 마음이 내키지도 않는데 무조건 칭찬부터 하라는 말은 아닙니다. 사람은 아주 섬세한 존재라 스스로 어색하다고 느끼고 있으면 상대방은 십중팔구 귀신같이 알아차립니다. 오히려 칭찬하기보다 인정하기를 권하고 싶습니다. 인정하기는 상대방의 생각, 행동, 가치, 과정, 결과 등 있는 그대로 알아주는 것(I know it)입니다.

박 팀장의 고민처럼 상대방을 옳다고 생각하지 않아도, 의견에 동의하지 않아도 우리는 인정은 할 수 있습니다. 아직 납득이 되지 않는 분들을 위해 예를 한번 들어 볼까요? 칭찬은 결과물에 대한 찬사입니다. 팀원이 내놓은 결과물이 만족스럽지 않으면 당연히 칭찬이 나오지 않습니다. 하지만 결과에 상관없이 노력한 과정은 충분히 알아줄 수 있습니다. '이 대리, 결과는 아쉽지만 자료 조사도 열심히 하고, 예전 담당자에게 조언도 구하느라 고생이 많았어요'처럼 말이죠.

어떠세요? 마음에 썩 내키지 않던 칭찬보다는 해 볼 만하지 않나요? 인정하기 위해서는 두 가지의 노력이 필요합니다. **첫째는 편견 없는 적극적 경청입니다.** 인정(認定)의 첫 글자 인(認)을 살펴보면 말씀 언(言) 자에 참을 인(忍) 자를 사용합니다. 내가 하고 싶은 말을 참고 상대방의 이야기를 인내하며 듣는 것이 인정입니다. 상대방의 이야기를 듣다 보면 우선 그 사람이 어떤 사람인지 알게 됩니다. 그리고 경청하지 않았다면 쉽게 단정하거나 추정했을 그만의 고유한 사정을 이해하게 됩니다. 그렇게 되면 '그랬었군요', '그럴 만한 사정이 있었군요', '당신 입장에서는 그렇게 생각하고 행동할 수 있었겠네요'라는 진정한 인정의 말들이 자연스레 나옵니다.

둘째는 편견 없는 관찰하기입니다. 줄탁동시(啐啄同時)라는 사자성어를 들어 본 적이 있나요? 줄(啐)은 병아리가 안에서 알을 쪼는 소리이고, 탁(啄)은 어미 닭이 밖에서 함께 알을 쪼는 소리를 뜻합니다. 병아리가 알에서 깨어나기 위해서는 어미 닭이 밖에서 쪼고 병아리가 안에서 쪼며 서로 도와야 일이 순조롭게 완성됨을 의미하는 이 사자성어는 모든 것이 적절한 때에 조화롭게 이루어지는 것을 뜻합니다. 골든 타이밍에 어미 닭이 알을 쪼아 주듯, 나의 편견 없는 따뜻한 관찰도 상대방이 필요한 도움을 적절한 타이밍에 줄 수 있습니다.

결국, 경청하고 관찰하면 상대방을 인정할 수 있게 되는 것이죠. 어색한 칭찬하기보다 담백한 인정하기. 한번 시도해 볼 만하지 않을까요?

내가 성장하면 대화도 함께 성장한다

선배 코치에게 슈퍼비전(조언) 받는 것을 코치더코치(이하 코더코)라고 합니다. 최근 코더코에서 코치 자격증을 준비 중인 한 분을 만났습니다. 이미 사내에서 신임 팀장을 대상으로 리더십 코칭을 하며 상위 레벨 코치 자격증도 준비 중이라고 했습니다. 교육 첫날에 지금까지 자격증 준비 과정이 어땠는지 물어보니 한숨과 함께 하소연이 이어집니다.

    코치: 지난 코더코는 어떠셨어요?
    학습자: 코치님, 머리로는 이해가 되는데 왜 이렇게 안 되죠? 리더십
    이슈는 그럭저럭 할 만한데 라이프 코칭 주제는 너무 어렵네요. 어떻
    게 다음 질문을 이어 가야 할지 도통 늘지 않는 것 같아요. 그리고 매
    번 비슷한 내용의 피드백을 (다른 코치님들에게) 받다 보니 자존감이
    떨어지네요.

코칭 교육 과정에서 만난 학습자들의 피드백도 이와 비슷합니다. 코칭 대화의 기본 스킬은 경청하기, 질문하기, 인정하기 3가지입니다. 교육받을 때는 어렵지 않다고 생각되는데 막상 코칭 대화 실습을 하려고 하면 쉽지 않다고 합니다. 왜 이렇게 어렵게 느껴지는 걸까요?

코칭과 외국어 배우기의 공통점

우선 코칭은 머리가 아닌 몸으로 배우는 과정이기 때문에 어렵습니다. 코칭은 외국어 배우는 과정을 많이 닮았습니다. 여러분들은 외국어를 배우기 위해 어떻게 공부했나요? 영어를 비롯해 독어, 불어, 일본어 등 제2 외국어를 배웠던 학창 시절을 떠올려 보세요. 같은 단어와 문장을 반복해서 듣고, 읽고, 말하며 중요한 문장은 아예 통째로 외우지 않았나요? 심지어 영어 귀를 뚫어 보겠다고 들리지도 않는 영어 뉴스를 듣고, 한글 자막을 가리며 〈프렌즈〉와 같은 미드를 보지 않았나요?

코칭도 이와 비슷합니다. 먼저 코칭이 무엇인지 이해하고, 코칭의 핵심 기본 스킬이라고 할 수 있는 경청하기, 질문하기, 인정하기를 배웁니다. 그리고 코칭 대화 모델에 맞춰 어색하더라도 코칭 대화를 반복적으로 실습합니다. 그렇게 함으로써 충조평판(충고하고 조언하고 평가하고 판단하는)하던 기존의 대화 습관을 버리고 새로운 코칭 대화 틀을 몸으로 익히게 됩니다. "낙숫물이 댓돌을 뚫는다"는 속담이 있습니다. 처음에는 어색하고 어렵게 느껴지는 코칭 대화도 자꾸 하다 보면 기초 근육이 붙습니다. 그렇게 한 번 만들어진 근육은 다음 단계로 나가는 힘이 되고, 나중에는 힘을 들이지 않더라도 자연스러운 코칭 대화를 가능하게 합니다. 외국어 배우기, 건강한 식습관 갖기, 탄탄한 근육 만들기 등과 같이 코칭 또한 축적의 과정 없이는 내 것이 될 수 없습니다.

코칭은 스킬이 아닌 철학이자 관점

코칭은 대화 스킬이 아니라 사람과 일에 대한 철학이자 관점이기 때문에 어렵습니다. '힘을 뺄수록 더해지는 대화' 주제에서 나눴던 대학원을 가야 할지 말아야 할지 고민하는 회사 후배 이야기를 다시 떠올려 봅시다. 후배에게 설명하고 조언하고 지시하고 충고하는 것이 아니라 호기심을 갖고 후배의 5년 후 커리어 비전은 무엇인지, 그 비전과 대학원을 진학하는 것은 어떻게 연결되는지 질문하는 것이 바로 코칭입니다. 이처럼 사람(who)을 중심에 둔 질문은 '사람은 무한한 가능성이 있는 존재이며, 그 사람에게 필요한 해답은 그 사람 내부에 있다'는 코칭 철학에서 나온 것입니다.

예시를 하나 들어 보겠습니다. 한때 '하는구나'라는 말투가 유행한 적이 있습니다. TV에 나오는 유명 인사도, 강사들도 하나같이 강조했던 '하는구나'는 상대방의 행동과 감정을 있는 그대로 읽어 주는 인정의 한 방법입니다. 이 부분을 좀 더 깊이 있게 이해해 보겠습니다. 우리는 자극을 받으면 반응하게 됩니다. 이때 가장 먼저 나오는 반응이 바로 감정입니다. 우리 마음에 드는 모든 감정은 순간적인 감정이 아니라, 그동안 살아오면서 만들어진 각자만의 고유한 필터를 통과한 후 드러나는 것입니다. 그렇기 때문에 상대방이 느끼는 감정은 상대방의 삶 전체이자 존재의 표현이라 할 수 있습니다. 다시 말해 '하는구나'는 단순히 그 순간의 감정을 공감해 주는 것을 넘어 그 사람의 인생 전체를 알아봐 주고 공감해 주는 실로 엄청난 것입니다.

그런데 상대방에 대한 이해나 공감 없이 코칭을 대화 스킬로만 받아들인다면 어떨까요? 겉으로는 '하는구나' 하고 있지만, 속으로는 '언제까지 알아줘야 하지?' 하며 화를 누르거나 '역시 이론과 현실은 달라', '역시 나랑은 맞지 않아. 이런 건 타고나는 거야' 하며 포기하게 됩니다.

참 교육은 배움과 삶 사이에
경계를 만들지 않는 것

참 교육은 배움과 삶 사이에 경계를 만들지 않고 벽을 쌓지 않는 것입니다. 특히 코칭은 지식의 영역이 아니라 지혜의 영역이기에 삶에 적용하는 과정에서 진짜 배움이 있습니다. 전문 코치가 되지 않더라도 코치형 리더, 코치형 엄마가 되기 위해 많은 분들이 코칭 교육을 들으러 옵니다. 코칭 교육은 보통 20시간의 코칭 기본 과정을 듣고, 동료 학습자들과 함께 50시간의 실습을 하게 됩니다. 하지만 코치 역할만 할 수 없으니 한 번은 코치 역할을, 한 번은 고객 역할을 하다 보면 실제로는 100시간에 가까운 시간을 훈련하게 됩니다. 그렇게 일대일로 코칭 대화 모델에 맞춰 깊은 대화를 반복하다 보면 사람마다 고유한 가치와 신념이 있다는 것을 경험으로 배우게 됩니다. 실제로 소통력을 키우기 위한 가장 좋은 방법이 배경이 다른 다양한 사람들과의 일대일 대화입니다. 그런 면에서 코칭 실습 과정은 소통하는 말하기의 가장 좋은 방법이라 할 수 있습니다. 이렇게 나의 언어와 대화를 100시간 가까이 가꾸다 보면 나와 나의 대화가 성장해 있는 모습을 발견하게 됩니다.

평소 나의 언어와 대화를 얼마나 자주 만나나요?
여러분의 대화는 오늘도 성장 중인가요?

4장

코칭의 세계로 초대합니다

코칭을 배우고 코치로 고객을 만나며 우리에게 가장 필요한 것은 잠깐씩 멈춰 나의 삶을 바라보는 '의식적인 시간'이란 생각이 들었습니다. 코칭 자격 시험은 대개 15분에서 20분 사이에 끝이 납니다. 길지 않은 시간이지만 코치의 질문을 받고 대답을 하다 보면 '아하!' 모멘트가 생기기도 하고, 다양한 탐색 후 스스로 내린 선택이기에 나아갈 방향과 에너지를 얻기도 합니다.

하루 15분
일주일에 30분
한 달에 1시간

그렇게 긴 시간도 아닌데 워킹맘으로 회사와 집만 오고 가던 그때는 나를 돌아볼 5분의 여유조차 없었습니다. 많은 사람들이 오늘도 정신없이 바쁘게 열심히 살아갑니다. 그렇게 하루, 일주일, 한 달이면 문제가 없겠지만 1년, 5년, 10년을 그저 바쁘게만 살아간다면 어떻게 될까요?

여러분들은 얼마나 자주 멈춰 나를 만나고 있나요? 이번 장에서는 여러분을 코칭의 세계로 초대해 보려고 합니다. 인생을 살아가며 한 번쯤은 만나 봤을 주제입니다. 아무도 방해하지 않는 내가 가장 좋아하는 공간과 시간에서 이 질문들을 만나면 좋겠습니다. 핸드폰의 녹음 기능을 활용해도 좋고 아니어도 괜찮습니다. 코칭 파워는 질문에 대한 자신의 답을 자신의 귀로 다시 들어 보는 데 있습니다. 질문 순서를 따라가다 다른 질문이 떠오르면 질문을 추가하며 따라가 보길 바랍니다. 준비되셨나요?

나를 만나는 질문

*즉각적으로 해답을 찾기보다는 시간을 두고 다각도로 탐색해 봅시다.

■ 나는 어떤 사람인가요?(소위 스펙이라고 이야기하는 학벌, 직업, 외모, 재산 등을 제외하고 생각해 보세요.)

■ 그렇게 생각하는 근거는 무엇인가요?

■ 주변(회사 동료, 친구, 가족 등)에서 나에 대해 자주 하는 말이 있다면 무엇인가요?

■ 그 이야기에 대해 어떻게 생각하나요?

■ 최근 새롭게 발견한 나의 모습은 무엇이 있나요?

■ 나에게 가장 소중한 세 가지는 무엇인가요?

■ 내가 가장 두려워하거나, 불편하거나, 피하고 싶은 것은 무엇인가요?

■ 살면서 꼭 이루고 싶은 세 가지는 무엇인가요?

■ 누군가 알아주지 않더라도 언젠간 하고 싶은 것은 무엇인가요?

■ 나답다는 것은 무엇일까요?

■ 10년 후 내가 진정으로 원하는 모습은 무엇인가요?

■ 10년 후의 나를 만난다면 미래의 나는 지금의 나에게 어떤 이야기를 해
줄까요? 그리고 나에게 선물을 준다면 그것은 무엇일까요?

불편한 감정을 알아차리는 질문

*최근 불쾌하거나 불편한 감정을 경험했던 상황을 생생하게 떠올려 봅시다.

■ 최근 불편한 감정을 느낀 때가 언제였나요?

■ 구체적으로 어떤 상황이었나요?

■ 그때 나의 몸에서 어떤 변화가 느껴졌나요?(예: 얼굴에 열이 오른다, 귀가 빨개진다, 가슴이 답답하다, 눈을 깜빡거린다, 뒷목이 당긴다 등)

■ 그때 느낀 감정은 얼마나 강렬했습니까? 10점 척도로 표현하면 몇 점 정도일까요?

■ 감정을 밖으로 한번 꺼내 보세요.(어떤 모양, 색깔, 촉감, 향기가 있는지 구체적으로 이야기해 봅시다.)

■ 이 감정에 이름을 지어 준다면 어떻게 불러 주고 싶나요?(예: 감정이)

■ '감정이'가 정말 원하는 것은 무엇입니까?

■ '감정이'에게 해 주고 싶은 말이 있다면 그것은 무엇일까요?(감정에게
붙여 준 이름을 호명하며 이야기해 주세요.)

■ 다음에 또 '감정이'가 찾아오면 어떻게 하겠습니까?

■ 지금 '감정이'를 만나고 나니 기분이 어떤가요?

워크 디자인을 위한 질문

*아래 질문을 바탕으로 구체적인 실천 계획을 세워 봅시다.

■ 나의 인생 목표는 무엇인가요?

■ 나에게 성공한 삶이란 무엇인가요?

■ 내가 열심히 일하는 이유는 무엇인가요?

- 나는 어떤 상황에서 동기 부여를 받아 신나게 일을 하나요?

- 내가 좋아하고 잘하는, 나만의 강점 분야는 무엇입니까?

- 지금까지 수행한 업무 중 자랑할 만한 세 가지는 무엇입니까?

- 그 이야기에 공통적으로 들어가는 세 가지 동사는 무엇입니까?

- 세 가지 동사를 보니 어떤 생각이 드나요?

■ 이것을 제2의 커리어와 어떻게 연결할 수 있을까요? 구체적으로 이미지로 그려 본다면 어떤 그림일까요?(당신이 실패할 일이 없다는 가정 아래 상상해 보세요.)

■ 이 그림은 나의 커리어에 어떤 의미가 있을까요?

■ 커리어뿐만 아니라 삶 전체로 놓고 보면 또 어떤 의미가 있을까요?

■ 앞으로 무엇을 준비해야 할까요? 추가로 필요한 역량은 무엇일까요?

■ 플랜 B를 위해 남은 시간을 활용해 매일 실천해야 하는 리추얼(루틴)은 무엇입니까?

1년 계획을 돌아보는 질문

*한 달에 1번, 반년에 1번, 일 년에 1번 등 자신의 스케줄에 맞춰 사용해 봅시다.

■ 한 해를 시작하며 세운 계획은 무엇이었습니까?

■ 그중 가장 의미 있는 계획은 무엇이었나요? 그것은 나에게 어떤 의미였나요?

■ 지금까지 가장 잘한 일을 최대한 신나게 최소 10개 이상 자랑해 봅시다.

■ 그중 가장 정성을 쏟은 일은 무엇이었나요? 그것은 나에게 어떤 의미입니까?

■ 그중 가장 나다운 일은 무엇이었나요? 어떤 점에서 가장 나다웠나요?

■ 올해 세운 계획 중 미루고 있거나 놓치고 있는 것은 무엇인가요?

■ 그것을 미루고, 놓쳤던 이유는 무엇인가요?

■ 그것은 현재 나의 삶에 어떤 모습으로 영향을 주고 있나요?

■ 혹시 추가하거나 변경해야 할 계획이 있다면 무엇인가요?

■ 지금까지 수고하고 애쓴 나에게 응원의 말을 해 준다면 뭐라고 하겠습니까?

■ 올해를 짧은 문장(혹은 단어)으로 표현해 본다면 어떤 이야기를 하고 싶나요?

" 코칭 Q&A

Q1. 코칭이란 무엇인가요?

코칭은 크게 한국코치협회(KCA)와 국제코치연맹(ICF)으로 나뉘져 있습니다. 한국코치협회에서는 '개인과 조직의 잠재력을 극대화하여 최상의 가치를 실현할 수 있도록 돕는 수평적 파트너십'으로 코칭을 정의하고 있습니다. 국제코치연맹에서는 '코칭이란 고객의 개인적, 전문적 가능성을 극대화시키기 위해 영감을 불어넣고 사고를 자극하는 창의적인 프로세스 안에서 고객과 파트너 관계를 맺는 것'이라고 정의하고 있습니다. 즉, 코칭은 사람의 자아실현과 잠재력 개발을 위해 코치가 고객의 파트너가 되어 개개인의 특성에 맞게 돕는 것입니다.

Q2. 코칭의 기본 철학은 무엇인가요?

코칭의 기본 철학은 우리 모두는 무한한 가능성과 잠재력을 가지고 있다는 것입니다. 그리고 우리 삶의 전문가는 바로 자신으로, 각자의 삶을 행복하게 설계하고 선택할 수 있는 힘은 본인에게 있다는 것입니다. 무심코 던진 친구의 말 한마디, 우연히 본 책의 한 구절에서 실마리를 얻어 오랜 시간 고민했던 문제가 풀렸던 경험이 있나요? 이처럼 코치는 각자 스스로 원하는 것을 더 빨리 쉽게 찾을 수 있도록 고객의 이야기를 경청해 주고, 맥락에 맞는 적절한 질문을 통해 고객이 다양한 시각으로 대안을 탐색하여 스스로 선택할 수 있도록 도와줍니다.

Q3. 코칭은 어떤 분야에서 활용되나요?

코칭은 우리의 일상 모든 대화에 적용이 가능합니다. 단, 역량을 갖춘 전문 코치가 계약에 의해 제공하는 코칭 서비스를 전문 코칭이라고 합니다. 전문 코칭은 코칭 영역에 따라 비즈니스 코칭, 라이프 코칭, 커리어 코칭, 학습 코칭 등으로 나뉩니다. 비즈니스 코칭은 조직의 성공과 발전, 리더십 개발, 조직 변화 등 비즈니스 이슈에 초점을 맞추고, 라이프 코칭은 고객의 커리어, 자기 계발, 인간관계, 인생의 의미와 목적 발견 등 삶 전반의 다양한 이슈에 초점을 맞춥니다.

Q4. 누구나 코치가 될 수 있나요?

코치는 자신을 포함하여 사람들의 잠재력과 가능성을 알아보고 그것을 끌어내는 일을 전문으로 하는 직업입니다. 즉, 코치는 고객의 내면을 함께 탐색하면서 고객이 원하는 것이 무엇인지 발견하고 달성할 수 있도록 돕는 사람이라 할 수 있습니다. 타인에게 긍정적인 영향력을 주며 그들의 성장과 성공을 돕는 일에 즐거움과 보람을 느낀다면 누구나 도전할 수 있습니다. 다만, 전문가로서 직업적 소명과 높은 기준의 직업 윤리가 요구되는 직업이므로 소정의 교육과 훈련이 요구됩니다.

Q5. 코치가 되려면 어떻게 해야 하나요?

한국코치협회와 국제코치연맹에서는 코치의 전문성을 강화, 유지하고 코칭을 확산시키기 위해 인증 자격 제도를 운영하고 있습니다. 코치 자격을 취득하기 위해서는 일정 시간 이상 코칭 교육과 코칭 실습을 받은 후 서류 심사, 필기시험, 실습 시험에 응시해야 합니다. 한국코치협회 및 국제코치연맹에서 수여하는 코치 자격증과 주요 응시 조건은 다음과 같습니다.

▶ 국내 코치 자격증

한국코치협회에서는 KAC(Korea Associate Coach), KPC(Korea Professional Coach), KSC(Korea Supervisor Coach) 세 종류의 국내 코치 자격증을 수여

하고 있습니다.

자격증 종류	교육 시간	코칭 시간	참고 사항
KAC	20시간	50시간	무료 코칭으로 가능 고객은 최소 3명 이상
KPC	60시간	200시간	최소 40시간 이상 유료 코칭 고객은 최소 5명 이상
KSC	150시간	800시간	최소 500시간 이상 유료 코칭 고객은 최소 20명 이상

▶ 국제 코치 자격증

국제코치연맹에서는 ACC(Associate Certified Coach), PCC(Professional Certified Coach), MCC(Master Certified Coach) 세 종류의 국제 코치 자격증을 수여하고 있습니다.

자격증 종류	교육 시간	코칭 시간	참고 사항
ACC	60시간	100시간	최소 75시간 이상 유료 코칭
PCC	125시간	500시간	최소 450시간 이상 유료 코칭
MCC	200시간	2,500시간	최소 2,250시간 이상 유료 코칭

더 자세한 내용은 한국코치협회와 국제코치연맹 홈페이지에서 확인할 수 있습니다.

- 한국코치협회 홈페이지 www.kcoach.or.kr
- 국제코치연맹 홈페이지 www.coachfederation.org

"
Epilogue

눈 떠서 잠들 때까지 우리는 누군가와 끊임없이 대화를 이어 갑니다. 특히 코로나로 시작된 비대면 시대에 대화의 중요성은 그 어느 때보다 높아졌습니다. 물리적인 거리감을 극복하고, 서로의 마음을 연결하고, 지속적인 긍정 대화 경험을 통해 상호 신뢰할 수 있는 관계를 만드는 능력이 점점 중요해지고 있습니다. 어떻게 하면 서로 연결되고 신뢰할 수 있는 소통을 할 수 있는 걸까요?

대화는 기술이 아닌 관점이자 철학입니다.

먼저 대화의 진정한 의미를 알아야 합니다. 대화는 조리 있게, 순발력 있게, 센스 있게 상대방의 말에 대응하며 내가 하고 싶은 말을 효과적으로 전달하는 기술만을 의미하지는 않습니다. 진정한 대화는 주거니 받거니 하며 상대방의 마음을 얻어 서로 연결되는 것입니다. 이를 위해서는 우선 내 마음을 살피고, 자신이 어떤 사람인지 자각하는 것이 먼저입니다. 나의 생각, 마음, 감정을 외면하거나 숨기지 않고 있는 그대로 들어 주고 표현해 보는 경험과 성찰은 우리 마음에 여백을 만듭니다. 그리고 이러한 마음의 여백이 있을 때 타인의 말과 감정, 마음을 왜곡하지 않고 온전히 담을 수 있습니다.

대화는 강력하고 아름다운 도구입니다.

최근 대학원에서 코칭을 함께 공부하고 있는 동료는 6년 전 코칭을 알았더라면 인생의 중요한 선택지에서 그때와는 다른 선택을 했을 것이라 말했습니다. 저도 40대에 만난 코칭을 20대에 일찍 만났다면 얼마나 좋았을지 생각하곤 합니다. 이런 아쉬운 마음은 전문 코치로 활동하지 않더라도 코칭을 공부한 다수의 사람들이 하나같이 입 모아 하는 이야기입니다. 그만큼 코칭이 얼마나 강력하고 멋진 도구인지 모쪼록 이 책을 읽은 여러분도 알게 되면 좋겠습니다. 그리고 이 책을 계기로 코칭 대화를 배우고 자신의 삶에서 일터에서 시도하고 실패하고 성공하는 과정을 반복하며 대화와 함께 성장하는 사람들이 많아진다면 더 바랄 것이 없겠습니다.

마지막으로 이 글을 읽어 준 여러 독자분들께 진심으로 감사 인사를 전합니다. 그리고 세상에서 가장 존경하고 사랑하는 부모님, 언제나 지지와 응원을 보내 주는 내 인생 최고의 팀 워커이자 파트너 성현, 타고난 코치이자 부족한 엄마를 많이 사랑해 주는 예쁜 딸 민서, 민서의 애착 인형 양양이 그리고 선후배로, 동료로, 고객으로 코칭의 세계에서 만난 모든 분들 덕분에 여기까지 왔습니다. 진심으로 고맙습니다.

코치의
대화력

초판인쇄 2023년 3월 30일
초판발행 2023년 3월 30일

지은이 이정영
펴낸이 채종준
펴낸곳 한국학술정보(주)
주 소 경기도 파주시 회동길 230(문발동)
전 화 031-908-3181(대표)
팩 스 031-908-3189
홈페이지 http://ebook.kstudy.com
E-mail 출판사업부 publish@kstudy.com
등 록 제일산-115호(2000. 6. 19)

ISBN   979-11-6983-180-2 03320